悪魔の辞典

AKUMA no JITEN

逆視点からの信仰の学び

水谷 潔

いのちのことば社

装画　のだますみ

はじめに

本著は、アンブローズ・ビアス著『悪魔の辞典』をモデルとして記しました。同著は一九一一年にアメリカで発表された書物で、辞書の様式で、さまざまな単語を皮肉や風刺を込めて、定義したものです。日本でも同様の趣旨での著書は多く出版されていますが、キリスト教会では、どうも前例がないようです。

そこで、拙著『悪魔の格言～逆視点からの恵みの発見』の続編として本著を執筆してみました。想像力を駆使して試みたのは、聖書や信仰生活に関連する語句に対しての悪魔視点からの定義。言うまでもなく、それらは、偽り、訴え、皮肉、冒涜に満ちています。

でも、語句によっては、読者の理解に一致しているかもしれませんし、悪魔の語り掛けに共感しかけてしまったり、自分の肉的な思いや残念な実態を言い当てられるかもしれません。実はそこにこそ、本著の狙いがあります。その気づきがあってこそ「逆視点からの信仰の学び」が始まります。

悪魔の定義に対しては、牧師がダメ出しをします。さらに参考となる聖書箇所を記しました。どうか、それらを聖書的な方向への軌道修正のために、お役立てください。

悪魔は、真理と嘘を混ぜて語り掛け、巧みに嘘を信じさせます。ですから、悪魔の定義が部分的に正しいこともありますが、その定義全体や適用については騙されてはなりません。牧師のダメ出しをしっかりと受け止めてください。そして、聖書のことばに従ってください。

牧師のダメ出しは、悪魔の辞典に対してのダメ出しで、必ずしも十分な定義や解説ではありません。著者個人の信仰理解を反映していることもあり、一面的で、多様な見解の中の一つでしかありません。辞書というより辞書の様式で書かれた読み物として、楽しみながら、学んでいただければと考えています。

そして、悪魔の視点から見ることで、これまでとは違う気づきや予想外の発見があればと願っています。それが読者の成長や実り豊かな信仰の歩みに役立てば、最高の喜びです。

水谷　潔

悪魔の辞典　目次

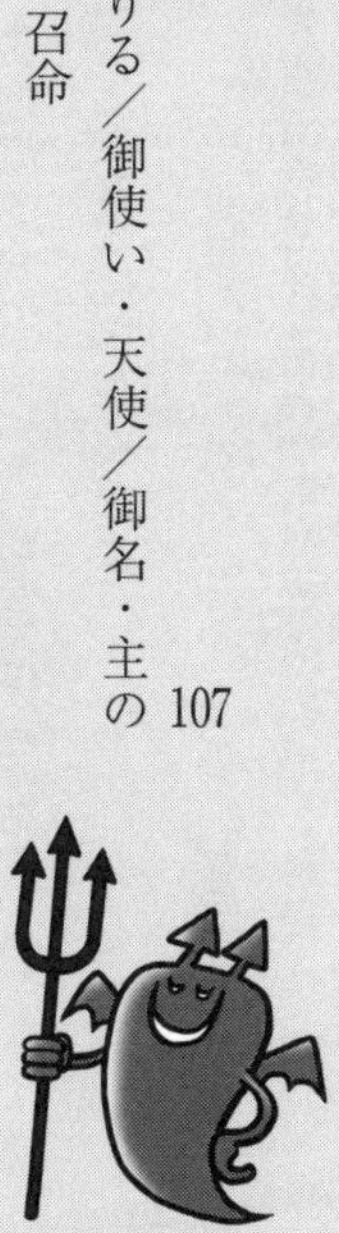

悪霊係長からのあいさつ

おひさしぶり。えっ、誰だって？　オレだよ、オレ、オレ。だから詐欺じゃないって。『悪魔の格言』の時にお会いしたあの悪霊係長だよ。いつも、君たちを欺き、誘惑している悪霊軍団の係長だよ。

そうそう、聖書・マルコの福音書五章でイエスから悪霊追い出しを受けて、豚といっしょに壊滅させられたあの二千名の悪霊軍団の隊長。その後左遷されて、今は日本支部の係長……って、オレの黒歴史を書かせるなよ！

実は、この度、私どものボスであるサタンさまが、日本のクリスチャ

ン向けに辞典を出版されたのだ。そこで、サタンさまの命を受けて、日本支部担当者として、君たちにお届けすることになったという次第。どうだい、ありがたいだろ～？

というわけで、サタンさまの書かれたこの辞典を手に取った君は、十分に活用し、聖書をより深く理解してくれたまえ。そして、サタンさまが示す真理に目が開かれ、神と教会を離れ、楽しく自由な生活を送っていただければ、悪魔悪霊一同としては、望外の感謝。

また、どっかの牧師が、サタンさまのありがたい定義や解説にダメ出しをしているようだな。おまけに、参考になる聖書箇所まで示しているらしいな。サタンさまに逆らうとは、とんでもない奴だ。くれぐれも、そっちは読むなよ！　みことばには、絶対に従うなよ！

【あ行】

神はどんな時もぼくを助けてくださいました
※あくまで個人の経験です。必ずしも効果を保証するものではありません。
サッ

【証し（信仰の）】

あい【愛】

悪魔の辞典

人間が、神と、また、他者との関係において抱いている幻想。自己充足、承認欲求などの自己中心な欲望が美化されているもの。あるいは、他者への依存、甘えが、その名称で呼ばれているもの。だから、愛には期待せず、自らの欲望の赴くままに歩むのがいちばんだぞ。

牧師のダメ出し

神の本質の一つ。人間においては、相手の益と幸福を願い、その実現のために、時に犠牲を払い労すること。すべての行動の動機、判断の基準とされるべきもの。神がひとり子を惜しまず与えられたことに、最も真実な愛は現わされている。神への愛は、その愛への応答であり、隣人愛はその愛を他者に表すこと。

聖書

「私たちが互いに愛し合うなら、神は私たちのうちにとどまり、神の愛が私たちのうちに全うされるのです」

（新約聖書・ヨハネの手紙第一、4章12節）

あかし【証し（信仰の）】

悪魔の辞典

自分の信仰経験とやらを、他者に伝えること。信者にとっては退屈で、未信者にとっては迷惑な行為。テレビコマーシャルなら、「あくまで個人の経験です。必ずしも効果を保証するものではありません」とテロップを入れたいような行為。

牧師のダメ出し

神さまが自分にしてくださったことを証言すること。未信者にとっては、事実としての体験を聞くことで、生きて働く神さまを知ることができる有益な行為。クリスチャンにとっては、信仰の現実性とみことばの約束の真実さを実証し、励ましや慰めとなる行為。

聖書

「しかし、聖霊があなたがたの上に臨むとき、あなたがたは力を受けます。そして、エルサレム、ユダヤとサマリアの全土、さらに地の果てまで、わたしの証人となります」

（新約聖書・使徒の働き1章8節）

あがない【贖い】

悪魔の辞典

オレたちの策略の成功によって、神の所有でなくなった人間たちを、再び神の民へと回復させるとんでもない行為。オレたちも妨害工作の数々を試みたが、イエスが自らのいのちと引き換えに完了。永遠を共にする仲間が激減して、寂しいぜ。

牧師のダメ出し

古代社会で行われた奴隷の買戻しに由来することば。神を離れてしまった者を、代価を支払って、神の所有へと戻すこと。そのために、支払われた代価は御子《みこ》のいのち。それは、人類史上、最高額での「高価買取」と言える。

聖書

「このキリストにあって、私たちはその血による贖い、背きの罪の赦《ゆる》しを受けています。これは神の豊かな恵みによることです」

（新約聖書・エペソ人への手紙1章7節）

あくにん【悪人】

悪魔の辞典

悪事を働く人ではなく、神を認めない人のこと。つまり、オレたちの味方ってこと。神に背を向けた自由で楽しいライフスタイルを広めてくれるありがたい人たち。悪人の悪行はうれしいが、神を離れての善行も、助かっているぜ。クリスチャンがショボく見えるからな。

牧師のダメ出し

神さまを認めない人物。しかし、神さまが、滅びることなく悔い改めて生きるようにと願う人々。紛れもない神の愛の対象である人々。福音と神の愛を最も必要としている人々。キリストが救いのためにいのちを投げ出した魂。

聖書

「わたしは悪しき者の死を喜ぶだろうか――神である主のことば――。彼がその生き方から立ち返って生きることを喜ばないだろうか」

（旧約聖書・エゼキエル書18章23節）

あくま【悪魔】

悪魔の辞典

オレさまのこと。偉大なるこの世の君、闇の帝王。悪霊軍団の親玉。君たちと地獄の底までご一緒することを日々願い、活動している団体の長。どうだ、怖いだろー。だけど、「科学万能の時代に、悪魔とか悪霊とかいるわけない」と思わせ、油断させるのもオレたちの仕事。

牧師のダメ出し

元は、み使いであったと思われる霊的存在。高慢から神に反逆し、永遠の滅びが確定している堕天使。訴え、偽り、誘惑などによってクリスチャンを堕落させ、神の業を妨害する敵対者。防衛策は、神の守りがあるのだから怖れすぎないこと。また、逆に存在しないかのように考えて、油断しないこと。

聖書

「身を慎み、目を覚ましていなさい。あなたがたの敵である悪魔が、吼《ほ》えたける獅子《しし》のように、だれかを食い尽くそうと探し回っています」（新約聖書・ペテロの手紙第一、5章8節）

あくれい【悪霊】

悪魔の辞典

年中無休、一日二十四時間という超ブラックな労働環境で活動するオレさまの部下たち。人間よりはるかに勤勉で、福音を深く理解しており、君たちの信仰の破綻や弱体化を目指している霊的存在。部下からの語りかけはしっかり受け止めて、ご検討いただきたいもの。

牧師のダメ出し

堕落した天使であり、悪魔を頂点とする組織下にある者たち。神の働きを阻み、人の救いを妨げる。遍在はせず、空間の制限を受ける。また、その活動は、最終的に神の支配下にあり、滅びが決定している。悪霊の追放は、病気の癒やしとともに、神の国の到来を示すしるし。

聖書

「私たちの格闘は血肉に対するものではなく、支配、力、この暗闇の世界の支配者たち、また天上にいるもろもろの悪霊に対するものです」（新約聖書・エペソ人への手紙6章12節）

あざむき【欺き】

悪魔の辞典

オレたちの得意技の一つ。昔の映画ヒット作「悪魔が来たりて笛を吹く」ならぬ、「悪魔が来たりてホラを吹く」ってこと。事実とは異なる情報や聖書の真理に反する虚偽を君たちの思いに吹き込んであげるからな。そう言えば、君たち人間も同じようなことするよな。

牧師のダメ出し

事実とは異なる情報を相手に与え、自己利益を図る行為。貪欲や虚栄などから起こる虚偽報告。新約聖書・使徒の働き五章が記すアナニアとサッピラの事例はその典型。二人の死は、人ではなく聖霊や神に対する欺きであり、それがとりわけ重大な罪であることを示している。

聖書

「あなたの舌に悪口を言わせず／唇に欺きを語らせるな」

（旧約聖書・詩篇34篇13節）

あーめん【アーメン】

悪魔の辞典

祈りの終わりを示すお約束のことば。長い祈りの場合には、忍耐に伴う苦痛から解放を与えるありがたいことば。クリスチャンがよく、心を込めずに、習慣として発する。間違っても、心を込めて、言わないでほしいことば。

牧師のダメ出し

「その通りです」という意味のヘブル語。他者の祈り、賛美の終わりなどに発せられることば。心からの同意を意味し、祈りや賛美を、全体のものとし、クリスチャン各自に一致を実体験させることば。

聖書

「ほむべきかな　イスラエルの神　主。／とこしえから　とこしえまで。／アーメン、アーメン」

（旧約聖書・詩篇41篇13節）

あるがまま【あるがまま】

悪魔の辞典

日本で一九八〇年代になり、キリスト教会内で流行し始めたことば。そのような愛で愛されることを願いながら、そのような愛では愛そうとしない信仰姿勢は見ていて安心するぞ。あるがままで愛されているのだから、変えられ成長する必要はないんだよ。それが福音だ！

牧師のダメ出し

神さまの愛の性質を示すことば。無条件の愛、対象者の性質に依存しない愛を意味する。この愛で愛されている事実は、人に安心、喜び、自己肯定感などを与える。一方、あるがままで愛された者が、そのままに留まらず、変えられ成長することは聖書が明記する神のみこころ。

聖書

「わたしの目には、あなたは高価で尊い。わたしはあなたを愛している」

（旧約聖書・イザヤ書43章4節）

あわれみ【あわれみ】

悪魔の辞典

神が上から目線で「かわいそうに」と同情し、「恵んでやろう」とする思い。自分が「あわれまれる」なんて、気分悪いよな。だから、「あわれんでいただかなくて結構です」と拒否をして、自力でしっかり生きような。

牧師のダメ出し

神さまが悲しみや苦しみの中にある者と同じ目線に立ち、その心に寄り添い、わがことのように共に悲しみ苦しむこと。新約聖書・ルカの福音書七章一三節の「深くあわれみ」の「あわれみ」は「内臓」という意味をもつことばが用いられている。内臓がえぐられるような究極の共感。

聖書

「主はその母親を見て深くあわれみ、『泣かなくてもよい』と言われた」

（新約聖書・ルカの福音書7章13節）

いえす・きりすと【イエス・キリスト】

悪魔の辞典

神が地上に送ったオレたちの宿敵。幼児期の抹殺計画は逃亡され失敗、荒野の誘惑は拒否され、ようやく殺せたと思えば、十字架によって贖いを完了、三日目によみがえり死の力を打ち破りと、オレたちの夢と希望を粉砕し、オレたちの敗北を決定づけた最低最悪の人物。

牧師のダメ出し

イエスは人名で、キリストは「油注がれた者」を意味する称号。「救い主なるイエス」という意味。神の子であり、神の国の到来を知らせ、アガペー※の愛を説き、実践した。果たされた業の中心は十字架と復活で、これは、サタンの解説の通り。その生涯と教えは福音書に記されている。

聖書

「聖なる霊によれば、死者の中からの復活により、力ある神の子として公に示された方、私たちの主イエス・キリストです」

（新約聖書・ローマ人への手紙1章4節）

＊アガペー…ギリシア語。神の人間に対する無限、無償の愛

いかり【怒り】

悪魔の辞典

自尊心が傷つけられるとき、他者や事物が思い通りにならないときなどに生ずる強い感情。放置すると、正義を行う原動力になる。さらにそれを実行に移してくれると、最高と思える感情。怒りから殺人に至ったカインの事例※は、最高に好ましいもの。

牧師のダメ出し

発生を避けることが困難な感情であり、危険信号でもある。放置すれば一時的感情から、恒常的な憎しみや敵意に発展しかねず、最悪の場合は、暴言、暴力など破壊的行為にいたりかねないもの。みことばと聖霊の助けを受けて、治めることが賢明。発生を避けることは困難だが、発生したものを発展させないことは可能。

聖書

「怒りを遅くする者は勇士にまさり、自分の霊を治める者は町を攻め取る者にまさる」

（旧約聖書・箴言16章32節）

＊カインの事例…旧約聖書・創世記４章に書かれている人類最初の殺人。カインが弟アベルを恨み、殺した。

いっち【一致】

悪魔の辞典

教会などの信仰共同体において働く同調圧力によって、判断や行動が画一化されること。多様性を否定し、少数派を排除した人為的な画一化であるにもかかわらず、それを「御霊《みたま》の一致」とか「キリストにあって一つ」とか言っているもの。

牧師のダメ出し

神さまが教会などの信仰共同体、あるいはキリスト者の交わりに、先天的に与えている恵み。聖書によれば、一致は「作るもの」ではなく「保つもの」。民族、性別、世代、社会的地位の違いを超えて、また、見解や価値観の多様性がありながらも、土台であるキリストにあって、一致を与える御霊によって、方向性や指針において共有ができること。

聖書

「平和の絆《きずな》で結ばれて、御霊による一致を熱心に保ちなさい」

（新約聖書・エペソ人への手紙4章3節）

いのち【命・いのち】

悪魔の辞典

「いのち」には二通りあってね。一つは肉体と魂のいのち。もう一つが神との関係にあるいのち、これが永遠のいのちで、オレたちは、これを奪うために日々奮闘しているわけよ。まあ、死神に似ているかもな。というわけで協力しない？　いい思いさせてやるからさー。

牧師のダメ出し

悪魔の言う前者はギリシャ語で「プシュケー」で、霊肉の普通のいのち。後者は「ゾーエー」で神との愛の関係にあるいのち。これが死を超えて生きる永遠のいのち。具体的には、神を礼拝し、そのことばに歩むなら、地上において、いのちはより豊かとなる。

聖書

「私は今日、あなたがたに対して天と地を証人に立てる。私は、いのちと死、祝福とのろいをあなたの前に置く。あなたはいのちを選びなさい。あなたもあなたの子孫も生き……るためである」

（旧約聖書・申命記30章19、20節）

いのり【祈り】

悪魔の辞典

人間が自力ではどうしようもないとき、神にお願いをすること。神は気ままなので、願い通りになったりならなかったりするもの。形式的な宗教上の儀礼であって、人前では長いと立派に思われ、食事の前に長いと嫌がられる。オレたちが最も妨害したい行為の一つ。

牧師のダメ出し

神と人との間でなされる会話。人から神への語り掛けの内容は、賛美、感謝、信仰表明、罪の告白、嘆き、願い、とりなしなど。キリストの名によってなされる。「叶《かな》えられない願いはあっても、応えられない祈りはない」というのは事実。信仰と忍耐をもって祈りたいもの。

聖書

「望みを抱いて喜び、苦難に耐え、ひたすら祈りなさい」

（新約聖書・ローマ人への手紙12章12節）

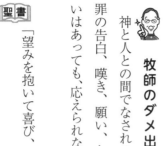

いやし【癒やし】

悪魔の辞典

聖書に多く記されている超自然的な病気や障害の正常化現象。ご利益信仰によって、神やキリストを信じさせる手段。「論より証拠」って言うけれど、どうかと思うぜ。聖書のこういう非科学的な記述は、未信者にとっては、入信のハードル高くするしよ。

牧師のダメ出し

神の栄光を現し、イエスがメシアであることを示す超自然的な治癒。聖書では、経験者と目撃者の多くが信仰へと導かれている。癒やし自体より、それが示す事柄や目的が大切。また、現代における通常の医療による癒やしも、神が人類全般に与えておられる恵み。

聖書

「イエスは答えられた。『この人が罪を犯したのでもなく、両親でもありません。この人に神のわざが現れるためです』」

（新約聖書・ヨハネの福音書9章3節）

えいえんのいのち【永遠のいのち】

悪魔の辞典

永遠のいのちなんか欲しい？　死んでその後も生きるんだよ？　面倒だし、大変だよ。もう、百年で十分じゃん。それより、地上での限られた人生を、最大限楽しく生きるのが大切なんじゃない。オレたち、お手伝いするからさ。

牧師のダメ出し

キリストを信じる者に与えられる死の先にまで生きるいのち。御子のいのちと引き替えにして与えられる真のいのち。クリスチャンは地上時代から既に、永遠を生きており、それゆえに、永遠のいのちは地上での歩みを定める。それは、天を目指しつつ、神と人を愛し、地上での使命を自覚して果たすよう信じる者を導く。

聖書

「キリストとともによみがえらされたのなら、上にあるものを求めなさい。そこでは、キリストが神の右の座に着いておられます」

（新約聖書・コロサイ人への手紙3章1節）

おい【老い】

悪魔の辞典

衰えを受け止められず、社会変化に適応できず、死を前にし、ストレス、疎外感、虚無感に苦しめられる人生最後のステージ。自制心の衰えから、罪の現れが生じやすくなり、周囲に迷惑と信仰の躓《つまず》きを与える時期。不本意な過去の言い訳や穴埋めをしながら過ごす時期。

牧師のダメ出し

死を前にした人生の完成期。残された時間を有効活用すべき期間。多くを失うことで、いよいよ本質に生きる仕上げの時。人間関係においては、感謝、謝罪、和解しておくべき段階。人生を振り返り、神と人とに感謝し、次世代以降に良き信仰生涯の模範を残すべき時期。

聖書

「白髪は栄えの冠。それは正義の道に見出される」

（旧約聖書・箴言16章31節）

【か行】

【献金】

かなしみ【悲しみ】

悪魔の辞典

人間の基本的感情の一つ。願っていた対象や大切な何かを失った際に起こるもの。罪の結果なのだから仕方ないもの。ごまかすか忘れるべきもの。まあ、悲しみを減らして、楽しいことを増やしたいなら、オレさまと契約することだな。悪いようにはしないよ。

牧師のダメ出し

正直に受け止めるべき自己感情。多くの場合、神によって癒やされ、慰められ、喜びへと転じられるもの。時に、過剰な被害者意識など自己中心などから生ずる誤った感情。自分や他者の罪や悪が原因の場合は、回復と希望に向かわせるもの。

聖書

「神のみこころに添った悲しみは、後悔のない、救いに至る悔い改めを生じさせますが、世の悲しみは死をもたらします」

（新約聖書・コリント人への手紙第二、7章10節）

かみ【神】

悪魔の辞典

科学的知識のない古代人が、宇宙の成り立ちの説明のため、また、自らの存在目的の根拠として、でっちあげた妄想。さらには、絶対者である神が、愚かで罪深い人間どもを愛し、その救いのため、ひとり子（キリスト）を与えるなど、荒唐無稽にも程があるよな。

牧師のダメ出し

天地万物の創造者。全知全能で愛と義である方。ひとり子をお与えになるほど、私たちを愛された方。今も生きて働く方。最終的な審判者。被造物を通して、その存在が啓示されている方。実は、悪霊たちが、人間以上にその存在を知っており、身震いしている方。

聖書

「あなたは、神は唯一だと信じています。立派なことです。ですが、悪霊どもも信じて、身震いしています」

（新約聖書・ヤコブの手紙2章19節）

かりとり【刈り取り】

悪魔の辞典

神がクリスチャンの判断や行動に対して、結果責任を求めるという冷酷非情な原理。不完全な人間に対してのあまりに過酷な因果応報の扱い。オレたちは、君たちに結果責任を要求しないで、自由だけ提供するぞ。好き勝手やって責任問われないのが最高だろ？

牧師のダメ出し

神が自由の行使とセットで求める結果責任のこと。責任なき自由は、わがまま。神はフォローするが責任放棄はさせず、刈り取りを通じて、成長することを願う。一方、刈り取りは報いでもあり、新約聖書・ガラテヤ人への手紙六章では、失望せず善い行いをするように勧める根拠とされる。

聖書

「思い違いをしてはいけません。神は侮られるような方ではありません。人は種を蒔《ま》けば、刈り取りもすることになります」

（新約聖書・ガラテヤ人への手紙6章7節）

かんいん【姦淫】

悪魔の辞典

いわゆる不倫ってやつ。世間的には、まずいよなー。でも、結婚しても、恋愛が芽生えることもあるよね。それに人間って、弱いしさー。自分でどうしようもないことも。それなのに、旧約聖書では石打ちで死刑なんだぜ。神って、どれだけ、情け容赦がないのかねー。

牧師のダメ出し

既婚者が結婚相手以外と性的関係をもつこと。結婚は相互独占的な性関係であり、それは、結婚式において誓約される。愛と信頼に対しての裏切り、契約違反行為、神の秩序への反逆、結婚の尊厳に対しての冒涜《ぼうとく》。聖書では偶像礼拝と並び、重大な罪であるとの認識を。

聖書

「結婚がすべての人の間で尊ばれ、寝床が汚されることのないようにしなさい。神は、淫行を行う者と姦淫を行う者をさばかれるからです」（新約聖書・ヘブル人への手紙13章4節）

かんきょうもんだい【環境問題】

悪魔の辞典

最終的に現在の被造物世界は滅ぼされ、新天新地が到来するんだよな。だから、クリスチャンが、関心をもち、取り組む価値のない課題。持続可能にすべきなのは、再臨までだから、与えられた地球環境を、可能な限り開発し、利用するのが正解じゃないのかよ?

牧師のダメ出し

人類が創造主から、被造物の管理を委託されている観点から、神の栄光を現わし、みこころに沿った管理をするために考えるべき課題の一つ。新天新地の到来まで、そのような管理が求められている。環境破壊が進む現状にあっては、将来の人類に対して、よりよい地球環境を残すという隣人愛の観点からも重要視されるべき課題。

聖書

「神は彼らに仰せられた。『生めよ。増えよ。地に満ちよ。地を従えよ。海の魚、空の鳥、地の上を這《は》うすべての生き物を支配せよ。』」

(旧約聖書・創世記1章28節)

かんしゃ【感謝】

悪魔の辞典

クリスチャンたちが、心にないのにことばにして発するもの。あるいは、単に習慣として言っていること。それって偽善だよね？「すべてのことに感謝」とかは偽善の勧めの極みだよね？ 本当に感謝かな？ 不満があったら神でなく、オレさまに言えよ。悪くはしないからさ。

牧師のダメ出し

神から豊かな恵みを受けながら、鈍感すぎる人間が実行すべき本来の応答。感謝をことばにすることは、それを聞く自分自身を感謝の心をもつ者へと育てる。試練の中で感謝の材料を見つけてささげる感謝は、試練を乗り越える力を与え、時に未経験の恵みをもたらす。

聖書

「いつでも、すべてのことについて、私たちの主イエス・キリストの名によって、父である神に感謝しなさい」

（新約聖書・エペソ人への手紙5章20節）

かんよう【寛容】

悪魔の辞典

聖書によれば、愛の現れの代表。甘え、失礼などを際限なく許容すること。愛の試験薬の一つでもある。甘えの要求がどこまで許容されるかで、愛の深さは測られる。教会では、礼儀に反することをし続ければ、その教会に愛があるかどうかが判別できるよ。

牧師のダメ出し

すぐには怒らないこと、遅く怒ること。まずは自分に対しての神の寛容さを覚え、その愛を他者に転嫁したいもの。ただし、「礼儀に反することをしない」「不正を喜ばない」もまた、愛の現れ。甘えと愛を混同してはならず、聖書の指針によって、判別することも大切。

聖書 「謙遜と柔和の限りを尽くし、寛容を示し、愛をもって互いに耐え忍び、平和の絆で結ばれて、御霊による一致を熱心に保ちなさい」（新約聖書・エペソ人への手紙4章2、3節）

ぎ【義】

悪魔の辞典

義って、神との関係が正しいことなんだろ。だったら、正しくなければ、神は愛してくれないわけ？　正しくなくても、あるがままで愛してもらえるのが、神の愛だろ？　だったら、神の義なんか求めなくてもいいよな。愛されているんだから、今のままで十分だよな。

牧師のダメ出し

愛と並び神の本質の一つ。神の義とは、聖書が示す神の基準での正しさ。それは、罪人である人間にも、信仰によって与えられる。神の愛と神の義は、表裏一体の関係。神は愛するがゆえに、人が神と正しい関係に生き、祝福されることを願われる。

聖書

「主は私のたましいを生き返らせ／御名《みな》のゆえに　私を義の道に導かれます」

（旧約聖書・詩篇23篇3節）

ぎぜん【偽善】

悪魔の辞典

外面的に正しく振舞いながら、内面は強欲と罪にまみれていること。その結果、人前とそうでない時では、別人になることも。「教会ではマイルド、職場ではワイルド」「教会では癒やし系、家庭では威圧系」なんてのも、偽善の一つ。偽善は生きていく上で必要だよな。

牧師のダメ出し

具体的には、愛の行為で神のためのようでも、内側の動機が欲で、自己利益のためなら、偽善。その危険性は誰にでもあり、自覚と悔い改めが大切。ギリシャ語では「役者」を意味することばが用いられており、演技と本当の自分が区別できなくなると解決困難に。みことばの光によって内面を点検することで予防が可能。

聖書

「ですからあなたがたは、すべての悪意、すべての偽り、偽善やねたみ、すべての悪口を捨てて…純粋な、霊の乳を慕い求めなさい」（新約聖書・ペテロの手紙第一、2章1、2節）

きょうかい【教会】

悪魔の辞典

キリストを信じる者たちが集まる場所。屋根の上の十字架が目印。説教や交わりを通じて、精神の安定や生きる活力を受ける精神的サービス業者。顧客満足度によって、取捨選択すればよいもの。

牧師のダメ出し

「召された者たち」という意味をもつ信仰共同体。キリストのからだであり、信徒各自がその各器官であるところのもの。地上においては礼拝をささげ、聖礼典を執行し、福音宣教と愛の業に仕える神の民の群れ。最終的にはキリストに迎えられる花嫁。

聖書

「あなたがたはキリストのからだであって、一人ひとりはその部分です」

（新約聖書・コリント人への手紙第一、12章27節）

くいあらため【悔い改め】

悪魔の辞典

聖書が記す罪を犯したことを認め、神に謝罪をし、自らを責め、スッキリしたら再スタートをすること。実を結ぶことなく、同じ悔い改めを繰り返し、信じても変わらぬ自分に失望し、変えてくれない神にも失望してくれると、オレたちのチャンス！

牧師のダメ出し

元来の意味は「向きを変えること」。神に背を向けていた者が神に向き直ること。自らを責めることは、かえって妨げ。一生続くことだが、それは惨めな生涯ではなく、常に赦され、やり直しできる喜びと希望に満ちた生涯を意味する。また、聖書の約束のとおり、真実な悔い改めは、その人を悪からきよめる。

聖書

「もし私たちが自分の罪を告白するなら、神は真実で正しい方ですから、その罪を赦《ゆる》し、私たちをすべての不義からきよめてくださいます」（新約聖書・ヨハネの手紙第一、1章9節）

ぐうぞう【偶像】

悪魔の辞典

オレたちの活動拠点の一つ。礼拝されるべき創造者である神と取り替えられる被造物のこと。刻んだ像はもちろんのこと、神以外の礼拝対象、神以上に信頼するもののこと。いかにして、クリスチャンたちを、無意識の内に偶像礼拝に導くかが、オレたちの腕の見せ所よ。

牧師のダメ出し

聖書が示す天地万物を創造し、すべてを治めておられる神さま以外の神。また、その神の地位にとってかえられるもの。クリスチャンを神との関係から切り離し、いのちを失わせるもの。金銭や繁栄、神なき自己実現などは、現代人クリスチャンの偶像となりえるので要注意。

聖書

「わたしは、あなたのただ中から、刻んだ像と石の柱を断ち切る。あなたはもう、自分の手で造った物を拝まない」

（旧約聖書・ミカ書5章13節）

くりすます・こうたん【クリスマス・降誕】

悪魔の辞典

神が、オレたちに勝利するための最終手段。神が受肉し、人として地上に来たなどというありえない出来事。最終的敗北が決定に向かった最悪の事件。ただ、日本では、商業化されているから、誰の誕生を祝っているのかなどは考えず、楽しく過ごしてくれたまえ。

牧師のダメ出し

神の愛がかたちとなり、この地上に到来した出来事。父なる神が、深い愛のゆえに人類の救いを願い、愛するひとり子を死にわたすために地上に送られた歴史的事実。イエスを信じる者の救いが決定的となっていった歴史上の大転機。

聖書

「ことばは人となって、私たちの間に住まわれた。私たちはこの方の栄光を見た。父のみもとから来られたひとり子としての栄光である。この方は恵みとまことに満ちておられた」

（新約聖書・ヨハネの福音書1章14節）

ぐんしゅうとでし【群衆と弟子】

悪魔の辞典

信徒を二分する悪い概念。救われたなら平等なはず。誰もが神の子であり、救われた罪人。役割の違いならいいけど、弟子と群衆のような格付けはよくないよな。不一致や分裂の原因になるかもよ。だから、くれぐれも弟子になろうとかは考えず、気楽に歩もうね。

牧師のダメ出し

神との関係よりも、自己欲求と周囲の環境によって判断行動する集団が群衆。扇動を受け、手のひら返しでイエスを十字架にかけろと訴えた神の民はその典型。自分の願いを神に実現してもらうのが群衆、神の願いを自分が実現するのが弟子。イエス自身が、救われた者を弟子とするよう命じている。

聖書

「あなたがたは行って、あらゆる国の人々を弟子としなさい。父、子、聖霊の名において彼らにバプテスマを授け…教えなさい」

（新約聖書・マタイの福音書28章19、20節）

けいやく【契約】

悪魔の辞典

聖書によれば、神と人の関係は、法律用語である契約なんだってさ。契約を破棄されないためには、果たすのが超難しい約束を守らなくちゃならないんだよ。愛とか言っているわりには、厳しくて冷たいよなー。どうせなら、オレたちと契約、結ばない？ 楽しいよ。

牧師のダメ出し

神と人との関係性を示す概念。旧約時代は、人間側の契約違反が神のさばきをもたらした。新しい契約は、キリストの十字架の死によって結ばれた神から人への一方的な片務契約である。それはエレミヤによって預言され、聖餐《せいさん》式の中にも示されている。

聖書

「神は私たちに、新しい契約に仕える者となる資格を下さいました。文字《もんじ》に仕える者ではなく、御霊に仕える者となる資格です。文字は殺し、御霊は生かすからです」

（新約聖書・コリント人への手紙第二、3章6節）

けっこん【結婚】

悪魔の辞典

しなければ、孤独によって苦しみ、すればしたで、夫婦関係のために苦しむという罪人にとっては、苦痛に満ちたシステム。愛とか、みこころとか、導きで始まり、諦め、妥協、我慢によって継続される関係。実際に、日本では三組に一組は、破綻して終わっていく。

牧師のダメ出し

神が人類を愛し、孤独の解消と祝福を願い、与えられた恵み。心と体を一つにし、共に生きる交わり。「神、夫、妻」という三者の交わりは、三位一体である神のかたちに生きること。夫婦相互が、聖書に従い愛する努力を積み上げるなら、実り豊かなものとなっていく関係。

聖書

「神である**主**は言われた。『人がひとりでいるのは良くない。わたしは人のために、ふさわしい助け手を造ろう。』」

（旧約聖書・創世記2章18節）

けんい【権威】

悪魔の辞典

神が正義や秩序を名目に、その下にある人々の自由を奪い、支配、管理する構造を正当化するもの。これに対しては無視、反抗こそが正解。一方、その所有者にとっては、自分の意に沿って人々を支配、利用できる、ありがたいもの。

牧師のダメ出し

正義や秩序など、人類の益のために神が社会に立てているもの。世俗の権威も含まれ、原則として尊重されるべきもの。一方、乱用、悪用がないよう、託された者を見守り、祈り執り成すことも大切。また、神から人への権威の委託は、支配するためでなく仕えるため、また、模範を示すため。

聖書

「あなたがたの間で一番偉い人は、一番若い者のようになりなさい。上に立つ人は、給仕する者のようになりなさい」

（新約聖書・ルカの福音書22章26節）

けんきん・ほうけん【献金・奉献】

悪魔の辞典

主日礼拝の中でも人気のないプログラム。牧師家庭の生活を支え、会堂の建築費返済や維持に使われる財源。教会が提供する宗教的サービスへの対価。教会の会費、支援金のようなもの。でも、よーく考えよう、お金は大事だよー。献金は控えめにね。

牧師のダメ出し

神さまの恵みに対しての感謝の応答。与えられたすべては神さまからのものとの告白をする行為。キリストの献身に倣って自らを神さまにささげることを意味する行為。主体的に喜びをもってささげることを神さまが喜ばれる。使途は重要だが、意味、動機、姿勢はさらに重要。

聖書

「いやいやながらでなく、強いられてでもなく、心で決めたとおりにしなさい。神は、喜んで与える人を愛してくださるのです」（新約聖書・コリント人への手紙第二、9章7節）

けんしん【献身】

悪魔の辞典

過剰な信仰や行き過ぎた熱心から、自分の人生自体を、神にささげてしまう狂信的行為。自分の心も体も人生も自分のもの。その所有権を神に委ねれば、神に都合よく利用され、その人らしい本来の人生はどこへやら。くれぐれも、「献身」という美名に騙《だま》されるなよ。

牧師のダメ出し

ひとり子さえ惜しまず与えられた神の愛と恵みに対しての必然的応答。買い取られ神の所有となっている者として、ふさわしい姿勢。自分のための神から、神のための自分へのシフトチェンジ。教職者に限らず、聖書はすべてのクリスチャンに献身を呼び掛けている。

聖書

「キリストはすべての人のために死なれました。それは、生きている人々が、もはや自分のためにではなく、自分のために死んでよみがえった方のために生きるためです」

（新約聖書・コリント人への手紙第二、5章15節）

けんそん【謙遜】

悪魔の辞典

「いえいえ、私のような者は……」など奉仕依頼を断る際に、都合よくもち出される美徳。あるいは、自己評価の低さや自己卑下が聖書のことばによって美化された表現。教会内で目立って、人から攻撃を受けぬために、自己防衛目的で使用される美徳でもある。

牧師のダメ出し

旧約代表はモーセで究極の模範はイエスさま。本質は自らを低くして、仕える姿勢にある。他者の評価を気にして、消極的態度をとる他律的美徳ではなく、神との関係において、他者の評価に左右されず、積極的に仕えようとする主体的美徳。

聖書

「人の心の高慢は破滅に先立ち、謙遜は栄誉に先立つ」

（旧約聖書・箴言18章12節）

こきゃくまんぞくど【顧客満足度】

悪魔の辞典

現代人の消費活動を導く指標。特に店舗やサービスを選択する場合に用いられる。だから、自分が集う教会もこれで選ぼうぜ。自らを顧客と、牧師や教会を精神的サービス業と位置付け、その上で顧客満足度の高さで、教会を選ぶ。これが最も確実な教会選び。

牧師のダメ出し

現代消費社会に生きるクリスチャンたちを無意識の内に蝕む行動原理。聖書によれば、信徒は顧客でなく、キリストの体の器官。教会はサービスを受けるのではなくサービス（礼拝・奉仕）をささげるところ。聖書が示す自分と教会の関係を確認し、必要ならリセットを。

聖書

「人の子が、仕えられるためではなく仕えるために、また多くの人のための贖いの代価として、自分のいのちを与えるために来たのと、同じようにしなさい」

（新約聖書・マタイの福音書20章28節）

こそだて【子育て】

悪魔の辞典

さんざん、お金と時間と手間をかけたとしても、報われるとは限らない親に託された悲しい使命。老後に扶養をしてもらうために、恩を売っておくという社会福祉システムの一つ。その中で、子どもが親の自己実現の手段や自らを楽しませる手段とされることがある。

牧師のダメ出し

神からの委託として、子どもを受け止め、愛し、親から離れさせ、自立に向かわせること。託された子どもを、神にお返しし、社会に送り出すこと。夫婦は愛し合い一つとなる関係であるのに対して、親子は離れてゆく関係。

聖書

「それゆえ、男は父と母を離れ、その妻と結ばれ、ふたりは一体となるのである」

（旧約聖書・創世記2章24節）

【さ行】

ちょっと!!
また私の
週報BOXに
間違えて
入れてたわよ!!
前に注意した
でしょ!!
だからあなたは
○#△で☆▽$で…
ご…
ごめんなさい…
あ…
止めなきゃ
「裁いてはいけません」
とありますし
「愛」をもって
見守りましょ〜よ〜

【さばく】

さいし【祭司】

悪魔の辞典

旧約聖書において、宗教的理由から職務として、動物を大量に殺傷していた残酷な人たち。動物犠牲の具体的な内容や目的などの多くは、旧約聖書を読んで、よく挫折するレビ記に書かれているぞ。まあ、読んでもわからないし、わかっても、今の自分とは関係ないしな。

牧師のダメ出し

神と人との仲介者。民の罪のために、ささげものをする職務に召された者たち。モーセ以降は、アロンの子孫が世襲制で任命された。動物は人間の代理として罪を負い、その犠牲によって罪は贖われる。キリストは最終的な贖いを成し遂げた永遠かつ完全な祭司。

聖書

「イエスは、ほかの大祭司たちのように、まず自分の罪のために、次に民の罪のために、毎日いけにえを献げる必要はありません。イエスは自分自身を献げ、ただ一度でそのことを成し遂げられたからです」

（新約聖書・ヘブル人への手紙7章27節）

さいりん【再臨】

悪魔の辞典

聖書が記しているというだけで、クリスチャンたちが信じている教理。キリストが再び、地上世界に現れるという荒唐無稽で非科学的な妄想。戦争や異常気象以外によって現在の世界が一旦滅び去るという異常な歴史観。

牧師のダメ出し

聖書が記しているように、必ず、実現する約束。その目的は、救いの完成、被造物全体の贖いであり、人間はその恵みにあずかる初穂。イエスを信じる者にとっては、怖れではなく、喜び。その時期を知ることは不可能で、時期を特定する言行や自称再臨のキリストに惑わされてはならない。

聖書

「どうして天を見上げて立っているのですか。…イエスは、天に上って行くのをあなたがたが見たのと同じ有様で、またおいでになります」（新約聖書・使徒の働き1章11節）

さばく【さばく】

悪魔の辞典

誰かの過ちを指摘すること、他者を評価して当人に告げること、現状を否定し改善、成長を求めること。あるがままで愛するのが、聖書が記す愛だよな。だから、聖書に「さばいてはいけません」とあるから、教会内の罪、過ちは戒めたりしないで、放置しようね。

牧師のダメ出し

さばいてはならない理由は、自分も同じ基準でさばかれるから。自らを裁判官席に置き、相手を被告席に置き、断罪するような態度が問題。愛をもって過ちを指摘することや聖書の基準に立って戒めることは該当せず、むしろ、聖書が勧めていること。

聖書

「あなたがたは、自分自身に気をつけなさい。兄弟が罪を犯したなら、戒めなさい。そして悔い改めるなら、赦しなさい」

（新約聖書・ルカの福音書17章3節）

さべつ・へんけん【差別・偏見】

悪魔の辞典

オレたちにとって最も好都合な人間の罪の一つ。性別、民族、身分などの違いによって、人々が愛し合えず、他方が一方を抑圧し、神のみこころと人間の尊厳を損なうありがたい現象。長年、キリスト教会が聖書を根拠に実行してきた拭い難い罪の一つ。

牧師のダメ出し

悪魔の指摘するような事実を認め、悔い改めて、解消克服していくべき課題。自らの内にある罪の傾向性を認め、悔い改めながら、聖書が示す方向性や最終ゴールを確認共有し、取り組んでいくべき課題の一つ。教会の交わりを通して、世に克服の歩みを示したいもの。

聖書

「ユダヤ人もギリシア人もなく、奴隷も自由人もなく、男と女もありません。あなたがたはみな、キリスト・イエスにあって一つだからです」

（新約聖書・ガラテヤ人への手紙3章28節）

さんび【賛美】

悪魔の辞典

オレたちが大昔にやっていたこと、そして、今、オレたちが、最も嫌悪する行為の一つ。自分が多くの人々から賞賛されたいのに、神をほめたたえなくてはならないという理不尽な行為。最も、賛美にふさわしいのは、何と言っても、このオレさまだからな。

牧師のダメ出し

神をほめたたえること。必ずしも歌や音楽に限られない。そして、祈りや礼拝の基本要素。内容の多くは、主なる神と救い主イエスへの信仰告白、あるいは両者の性質や救いの業。神こそ、最も賛美にふさわしい方であり、すべての被造物は神への賛美に招かれている。

聖書

「**主**をほめたたえよ　すべて造られたものたちよ。／主が治められるすべてのところで。
／わがたましいよ　**主**をほめたたえよ」

（旧約聖書・詩篇103篇22節）

さんみいったい【三位一体】

悪魔の辞典

神、イエス、聖霊の三人で一人の神だと言うわけのわからん教理。仲良し三人の一組ならわかるんだけどよー、こんなことを長年、多くの人間が信じてきたなんて、それが信じられないな。理性で理解できないことを信じ続けているという愚の骨頂。

牧師のダメ出し

聖書が記す神さまが父なる神、子なるイエス、聖霊なる神という三者の交わりに生きる一人の神であるという教理。人間の限られた理性では、理解できない。しかし、聖書から導き出される神観であり、神の本質を示すもの。祈り、洗礼式、信仰告白の際に用いられる。

聖書

「あなたがたは行って、あらゆる国の人々を弟子としなさい。父、子、聖霊の名において彼らにバプテスマを授け…教えなさい」

（新約聖書・マタイの福音書28章19、20節）

し【死】

悪魔の辞典

オレたちが、人類に送った最高のプレゼント。神から離れた霊的死は、自分中心の楽しい人生を与えるし、肉体の死は、生きる苦しみから解放するし、永遠の死は、オレたちと一緒にいつまでも一緒に過ごせることを意味するんだから、最高だろ？

牧師のダメ出し

罪の侵入によって、人類が受けることになった報い。人類最大の敵。しかし、キリストの十字架の死と復活によって、打ち破られた敗者。キリストを信じる者は、永遠のいのちを持ち、肉体の死を超えて、キリストとともに生きる。また、地上においては神との交わりに生き、霊的いのちが与えられ、平安と希望の歩みが開かれる。

聖書

「死よ、おまえの勝利はどこにあるのか。死よ、おまえのとげはどこにあるのか」

（新約聖書・コリント人への手紙第一、15章55節）

した・ことば【舌、ことば】

悪魔の辞典

ことばによって人格を傷つけることもできれば、虚偽を語り社会的に葬り去ることもできる。悪口を言いふらし、人間関係を破綻させることも。願い通りに働かない神を呪うなら、最高。素直に言いたいことを言って、もし相手が怒ったり悲しんだりしたら「ギャグだよ！」「冗談だよ！」ですませちゃえばいいんじゃね？

牧師のダメ出し

ことばをつかさどる身体の器官。神への賛美と人への呪いの両者を言語化し発する器官。小さな機関であるが、人間存在全体に支配的影響を与えるもの。悪に満ちており、人間の力では制御不可能だからこそ、神さまに制御していただき、愛をもってことばを発したいもの。

聖書

「私たちは、舌で、主であり父である方をほめたたえ、同じ舌で、神の似姿に造られた人間を呪います」

（新約聖書・ヤコブの手紙3章9節）

郵便はがき

恐縮ですが
切手を
おはりください

164-0001

東京都中野区中野 2-1-5
いのちのことば社
出版部行

ホームページアドレス　https://www.wlpm.or.jp/

お名前	フリガナ	性別	年齢	ご職業
ご住所	〒	Tel.　　　（　　　）		
所属（教団）教会名		牧師　伝道師　役員 神学生　CS教師　信徒　求道中 その他 該当の欄を○で囲んで下さい。		

WEBで簡単「愛読者フォーム」はこちらから!
https://www.wlpm.or.jp/pub/rd
簡単な入力で書籍へのご感想を投稿いただけます。
新刊・イベント情報を受け取れる、メールマガジンのご登録もしていただけます!

ご記入いただきました情報は、貴重なご意見として、主に今後の出版計画の参考にさせていただきます。その他、「いのちのことば社個人情報保護方針（https://www.wlpm.or.jp/about/privacy_p/）」に基づく範囲内で、各案内の発送などに利用させていただくことがあります。

（2024.6）

いのちのことば社＊愛読者カード

本書をお買い上げいただき、ありがとうございました。
今後の出版企画の参考にさせていただきますので、
お手数ですが、ご記入の上、ご投函をお願いいたします。

書名

お買い上げの書店名

町
市　　　　　　　　書店

この本を何でお知りになりましたか。

1. 広告　いのちのことば、百万人の福音、クリスチャン新聞、成長、マナ、信徒の友、キリスト新聞、その他（　　　　　　　）
2. 書店で見て　3. 小社ホームページを見て　4. SNS（　　　　　　）
5. 図書目録、パンフレットを見て　6. 人にすすめられて
7. 書評を見て（　　　　　　　　）　8. プレゼントされた
9. その他（　　　　　　　　　　）

この本についてのご感想。今後の小社出版物についてのご希望。

◆小社ホームページ、各種広告媒体などでご意見を匿名にて掲載させていただく場合がございます。

◆愛読者カードをお送り下さったことは（　ある　初めて　）
ご協力を感謝いたします。

じっかい【十戒】

悪魔の辞典

神が民の自由を奪い、思い通りに利用するために、モーセを通じて与えた十の戒め。内容は神との関係、人との関係についての厳しい規則集。守り切れないことを通じて、クリスチャンたちを意気消沈させてくれるという面では、ありがたい戒め。

牧師のダメ出し

モーセがシナイ山で授かった律法の中心部分。本来の意味は、「十のことば」。民を奴隷状態から解放した神が授けた本物の自由を与える恵みのことば。また、救いの条件ではなく、救われた者の祝福の歩みを、神との関係において、隣人との関係において示すもの。

聖書

「わたしは、あなたをエジプトの地、奴隷の家から導き出したあなたの神、**主**である」

（旧約聖書・出エジプト記20章2節）

じゆう【自由】

悪魔の辞典

自分のしたいことを、したい時に、したいようにすること。しかも、その結果責任を果たさないこと。欲望の最大限実現のための権利。にもかかわらず、神が自分に従わせるため、奪い制限するもの。禁断の木の実って、その元祖といえる事例だろ？

牧師のダメ出し

神に従うことによって、与えられる様々な束縛からの解放。神以外の偶像が、利益と引き替えに奪うもの。自己欲求の実現によって逆に失うことが多いもの。禁断の木の実は、アダムが主体的に愛の故に神さまに従うことを願ってのこと。自由の制限が目的ではなかった。

聖書

「『すべてのことが私には許されている』と言いますが、すべてが益になるわけではありません。『すべてのことが私には許されている』と言いますが、私はどんなことにも支配されはしません」

（新約聖書・コリント人への手紙第一、6章12節）

じゅうじか【十字架】

悪魔の辞典

最も残忍とされた死刑の方法として用いられたもの。オレたちが、キリストを追い詰めて、殺すためにつけた場所。人類による神殺しの現場でもある。それにしても、死刑の道具を教会の屋根の上につけたり、アクセサリーにしたり、全くどうかしてるぜ。

牧師のダメ出し

全人類の罪の贖いが一度限りで完全になされた場所。神の愛と義とが同時に果たされた現場。それ故に、死刑道具でありながら、神の愛と救いを象徴するものとして、キリスト教会にとっての重要なシンボルとなったもの。

聖書

「キリストは自ら十字架の上で、私たちの罪をその身に負われた。それは、私たちが罪を離れ、義のために生きるため。その打ち傷のゆえに、あなたがたは癒やされた」

（新約聖書・ペテロの手紙第一、2章24節）

しゅくとう【祝祷】

悪魔の辞典

礼拝の最後を意味する合図。礼拝時の退屈さと宗教的義務から解放されるお知らせの祈り。神からのご利益をいただけて、日常生活に戻って、自分中心で歩んでも、神さまの助けと祝福があるというありがたいお祈り。

牧師のダメ出し

礼拝の場から、社会へと派遣されるに際して、礼拝の最後にささげられる祈り。目的は、礼拝者が祝福の基として遣わされるため。礼拝で受けた恵みを携えて、他者にその祝福を手渡していくため。自分のためだけでなく、他者のための祈りでもあることをお忘れなく。

聖書

「主イエス・キリストの恵み、神の愛、聖霊の交わりが、あなたがたすべてとともにありますように」

（新約聖書・コリント人への手紙第二、13章13節）

しゅくふく【祝福】

悪魔の辞典

いわゆる「御利益」のキリスト教版。「家内安全」「商売繁盛」など、人間側の欲求が、神の力によって実現されること。結局、神への信仰の動機なんて、ご利益に決まっているよな。我々が、ヨブのことで、神に挑戦した※のも、その信念に基づいてのこと。

牧師のダメ出し

「御利益」とは似て非なるもの。人間が望むことではなく、神がその人にとっての幸せを願ってもたらす恵み。時に、病、弱さ、災い、苦難さえも、神の御手の中で、祝福へと転じていく。信仰の成熟につれて、求める対象も、ご利益から祝福へと移行するもの。

聖書

「私たちの主イエス・キリストの父である神がほめたたえられますように。神はキリストにあって、天上にあるすべての霊的祝福をもって私たちを祝福してくださいました」

（新約聖書・エペソ人への手紙1章3節）

＊ヨブと悪魔…旧約聖書・ヨブ記に書かれている神と悪魔、そしてヨブの物語。ヨブは正しく生きる信仰者だったが、悪魔はあらゆる災いをヨブに与えることで、神への信仰を無くすとし、神へ挑戦した。

しゅのいのり【主の祈り】

悪魔の辞典

多くのクリスチャンが、教会での礼拝の中でしか、ささげることのない祈り。暗唱しているが、祈っている内容については、あまり理解されていない不幸な祈り。イエスが弟子たちに教えたものにもかかわらず、その目的が十分に果たされていない残念な祈りでもある。

牧師のダメ出し

イエス・キリストが弟子たちに祈りの模範として教えた祈り。神さまがクリスチャンに祈るよう願っている内容が適切な順番とことばによって網羅されている祈り。ことばの意味と内容をよく理解し、祈るべき祈り。

聖書

「あなたがたはこう祈りなさい。『天にいます私たちの父よ。御名が聖なるものとされますように。』」

（新約聖書・マタイの福音書6章9節）

しょくぎょう・ろうどう【職業・労働】

悪魔の辞典

生活をしていくために、したくなくても、しなければならない行為。罪のために、人類に与えられた苦痛に満ちた報いの一つ。額に汗して糧を得るのだ！　この苦痛を軽減するためには、できる限り手を抜き、楽をして金銭を得る方法を考えるしかない。

牧師のダメ出し

旧約聖書・創世記二章によれば、本来的には、神の業への参与。神の召しによって、派遣され、働きを委託されているもの。エデンの園には木の実が豊かにあるなかで、アダムは畑を耕した。このことは、食べるために働くのではなく、働くために食べるという聖書の労働観を示している。

聖書

「神である**主**は人を連れて来て、エデンの園に置き、そこを耕させ、また守らせた」

（旧約聖書・創世記2章15節）

しょじょかいたい【処女懐胎】

悪魔の辞典

人間の女性が、単性生殖をしたという生物学的にありえない話。聖書の中でも最も非科学的な記述の一つ。イザヤ書の預言に合わせ、イエスの神性を示すために、後付けした虚偽。いわば、キリスト教会の後出しじゃんけん。後出しなんだから、そりゃあ、勝てるよな。

牧師のダメ出し

聖霊により、処女が、救い主となる方をみごもったという神秘的事実。旧約聖書・イザヤ書七章一四節の「見よ、処女が身ごもっている」の成就。通常ではないいのちの開始は、イエスの神性を意味する。救いの計画として、最初から定められていた出来事。

聖書

「『見よ、処女が身ごもっている。そして男の子を産む。その名はインマヌエルと呼ばれる。』それは、訳すと『神が私たちとともにおられる』という意味である」

（新約聖書・マタイの福音書1章23節）

しるし・きせき【しるし・奇跡】

悪魔の辞典

神の力によって起こされたことになっている超自然的現象。特にイエス・キリストが行ったこと。水がぶどう酒になるとか、水の上を歩くとか、死人がよみがえるとかの非科学的現象のこと。イエスが神であることを示すために、後からでっち上げた作り話。

牧師のダメ出し

神の世界に対する支配や介入を意味する出来事。イエスによる超自然的現象は、それに相当し、キリストのメシア※性を示す。出来事自体より、それが示す意味が大切。つまり、矢印のようなもの。それ自体より、それを見た者が指し示す方向へと向かうことが大切。

聖書

「これらのことが書かれたのは、イエスが神の子キリストであることを、あなたがたが信じるためであり、また信じて、イエスの名によっていのちを得るためである」

（新約聖書・ヨハネの福音書20章31節）

＊メシア…ヘブライ語の「マシアハ」に由来し、「油を注がれた者」の意。救世主、救い主。

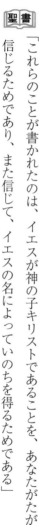

しれん【試練】

悪魔の辞典

神からの抜き打ち信仰テスト。あるいは、それに伴う苦しい経験や出来事。神を信じても、苦しいことが度々あるなら、意味ないよな。これは神の意地悪。深い愛の故の訓練だとか、美しい誤解はしないで、神から離れて、苦しみのない人生を送ろうよ。

牧師のダメ出し

人が神から信仰を試されること。また、そのための苦しみ。動機は愛、目的は信仰の成長やさらなる祝福。その点が誘惑とは正反対。神の真実さゆえに、耐えられるレベルであり、脱出の道が備えられている。それ自体は喜べなくても、それが生み出すものは喜ばしいもの。

聖書

「経験した試練はみな、人の知らないものではありません。神は真実な方です。あなたがたを耐えられない試練にあわせることはなさいません。…耐えられるように、試練とともに脱出の道も備えていてくださいます」（新約聖書・コリント人への手紙第一、10章13節）

しんこう【信仰】

悪魔の辞典

自分の願いが、神の力によって実現するという思いこみ。聖書の約束が、自分にも約束されており、成就すると信じる愚かな楽観主義。広義においては、見ることも聴くことも、触れることもできない神という不確実な存在に、本気で信頼を置く無謀な試み。

牧師のダメ出し

神を真実に信頼すること。神の恵みへの全人格的応答であり、神の恵みによってこそ、可能となる。みことばという確かな根拠に立ち、聖霊の力に助けられ、キリストと深く結びつけられながら、信仰の歩みは続けられていく。それは神に喜ばれる歩みに他ならない。

聖書

「信仰がなければ、神に喜ばれることはできません。神に近づく者は、神がおられることと、神がご自分を求める者には報いてくださる方であることを、信じなければならないのです」

（新約聖書・ヘブル人への手紙11章6節）

しんこうぎにん【信仰義認】

悪魔の辞典

信じるだけで救われるというあり得ない教理。教会生活も善行も努力も必要ないなんて、ありえないだろうよ。「タダより怖いものはない」とか、「うまい話しには裏がある」って言うだろ？　気をつけたほうがいいぞ。人生全てを神に奪い取られてしまうかもな。

牧師のダメ出し

信じるだけで義と認められるという聖書が明記する恵み。行いによる救いがありえない絶望的な人類のために、神さまが開かれた救いの道。具体的にはイエス・キリストを救い主と信じることで、救われる。最も価値があるからこそ無料。それは太陽の光や空気と同じ。

聖書

「この恵みのゆえに、あなたがたは信仰によって救われたのです。それはあなたがたから出たことではなく、神の賜物です」

（新約聖書・エペソ人への手紙2章8節）

しんこうけいしょう【信仰継承】

悪魔の辞典

親が子どもに、自らの価値観を押しつけ、強制力をもって、子どもをクリスチャンにすること。子どもの自由意志を尊重せず、健全な成長を損なっても、親の使命だとの理由と福音が絶対的真理だとの理由で、子どもに親の敷いたレールの上を歩ませること。

牧師のダメ出し

親が子の救いを願って励むべき事柄。ことばと生活を通じて信仰の証しをし、子どもを愛し、対話し、祈りとりなし、結果は神に委ねて、子どもが神に出会う助けをしていくこと。特に思春期以降の子どもについては、親から離れさせ、神と教会の交わりに結びつけること。

聖書

「これをあなたの子どもたちによく教え込みなさい。あなたが家で座っているときも道を歩くときも、寝るときも起きるときも、これを彼らに語りなさい」

（旧約聖書・申命記6章7節）

じんけん【人権】

悪魔の辞典

人間が神を離れて、自分が考える自分らしさに生きる権利。その具体化の一つは、自分が考える幸福のかたちを追求する幸福追求権。こう見えても、オレたちはね、神を離れた自分らしい歩み、願い通りの幸福をお手伝いしたいと願っているからね。そこんとこ、よろしく。

牧師のダメ出し

神さまが願う人間らしさに生きる権利。神のかたちとして創造されたゆえに、与えられている尊厳を損なわれることなく、生きる権利。神が前提になければ、悪魔の定義と同じになりかねない。それゆえにことばの使用と実行の際には要注意。

聖書

「神は人をご自身のかたちとして創造された。神のかたちとして人を創造し、男と女に彼らを創造された」

（旧約聖書・創世記1章27節）

しんたい・からだ【身体、体】

悪魔の辞典

人間を構成する物質的要素であり、自分のためだけに自由に使ってよいもの。魂の救いとは全く関係ないので、健康に気を使う必要もなく、快楽重視、身体的欲求のままに生きるべし！　体は、快楽のプラットフォームや〜（某グルメレポーター風）。

牧師のダメ出し

人の思いや意志を実現するために必要不可欠なもの。聖霊の宮であって、自分自身のものではないもの。代価を払って買い取られたものであり、それゆえに神の栄光を現わすための手段。死者の中から生かされた者として、義の道具として神にささげるべきもの。

聖書

「あなたがたは、代価を払って買い取られたのです。ですから、自分のからだをもって神の栄光を現しなさい」

（新約聖書・コリント人への手紙第一、6章20節）

すくい・きゅうさい【救い・救済】

悪魔の辞典

苦しみ、悲しみ、虚しさからの心理的な解放のこと。あるいは、問題や悩みが解決されること。キリストを信じることで、それらを得ること。つまり、救われた気になっているだけで、本質は何も変わっていないこと。

牧師のダメ出し

罪を赦され、罪の力とサタンの支配から解放され、神の怒り、罪の刑罰から救い出されること。広義では、精神的、社会的、身体的分野に及ぶ全人的なもので、全被造物にまで及ぶ。救われていることは、事実であり、感情ではなく、聖書のことばと聖霊によって確信される。

聖書

「このキリストにあって、あなたがたもまた、真理のことば、あなたがたの救いの福音を聞いてそれを信じたことにより、約束の聖霊によって証印を押されました」

（新約聖書・エペソ人への手紙1章13節）

せいか【聖化】

悪魔の辞典

真剣に願うほど、キリストとは似ても似つかない自分を見せつけられ、失望し、信仰の喜びを失わせるもの。その達成度について、自分と他者を比較し、高慢になるか劣等感を覚えるかの結果をもたらすもの。聖化は「知らず、求めず、達成せず」の三原則がお勧め。

牧師のダメ出し

新生した者が、聖霊の働きによって、キリストに似た者へと変えられていく恵み。クリスチャンらしい者にではなく、キリストらしい者となること。それは画一的な理想像ではなく、主にある自分らしさに近づくことであり、教会内はいよいよ多様となっていく。

聖書

「私たちはみな、覆いを取り除かれた顔に、鏡のように主の栄光を映しつつ、栄光から栄光へと、主と同じかたちに姿を変えられていきます。これはまさに、御霊なる主の働きによるのです」

（新約聖書・コリント人への手紙第二、3章18節）

せいさん・しゅのばんさん【聖餐・主の晩餐】

悪魔の辞典

パンとぶどう液を肉と血に見立てて、キリストの恵みにあずかろうとする理解に苦しむ行為。聖書を信じているなら、しなくてもよいと思える儀式。コロナ禍にあって、対処に困った事柄。大人が恵みにあずかるのを見て、子どもがうらやましがる特権的行為。

牧師のダメ出し

キリストの体を表すパンと血を表すぶどう液を飲むことで、キリストの死を覚える聖礼典。また、ひとつのパンを分け合うことで、キリストにあって一つであることを覚える。飲食という身体性に意義があるとされ、イエスが再び来るまで、行うようにと命じられたこと。

聖書

「食事の後、杯も同じようにして言われた。『この杯は、あなたがたのために流される、わたしの血による、新しい契約です。』」

（新約聖書・ルカの福音書22章20節）

せいしょ【聖書】

悪魔の辞典

記録、手紙、文学など人間が書いたものが神のことばとされた書物。古代人が神という幻想を抱き、人類救済を記した空想スペクタクル。多くの非科学的記述に加え、オレたちの悪事や敗北などの虚偽を記すトンデモ本。「長い、重い、分厚い」の三重苦の書物。

牧師のダメ出し

神が人に霊感を与え、執筆させた書物であり、原典において誤りなき神のことば。また、信仰と生活の唯一の基準。世界で最も読まれ、人類に最も大きな影響を与えてきた書物。聖霊の働きによって、真理を悟らせ、救いに導き、人を造り変える力ある書物。

聖書

「聖書はすべて神の霊感によるもので、教えと戒めと矯正と義の訓練のために有益です」

（新約聖書・テモテへの手紙第二、3章16節）

せいれい【聖霊】

悪魔の辞典

三位一体の神の中で、世間的には、最も知名度が低い位格。イエスを信じるなら、与えられるとのことだが、目に見えないので、本当にあるのかどうかは怪しい。聖霊に助けられたことある？「もう一人の助け主」とか、名ばかりだよな。

牧師のダメ出し

三位一体の中の第三位格。イエスを信じる者に与えられる神の霊。信じる者のうちに宿り、みことばと共に働き、深い慰めを与える方。助け主として、みことばを悟らせ、みことばに歩む力を与える方。救いの確信や導きを与え、愛や喜びなど品性の実を結ばせる方。

聖書

「わたしが父のもとから遣わす助け主、すなわち、父から出る真理の御霊が来るとき、その方がわたしについて証ししてくださいます」

（新約聖書・ヨハネの福音書15章26節）

せんれい・バプテスマ【洗礼・バプテスマ】

悪魔の辞典

イエスを信ずるだけで救われるのだから、必要ないだろうと思われる宗教儀式。水に入ったり、水をかけられたりすることで、古い自分が死んで、新しい自分になったような錯覚を与える暗示。受けたか否かで、教会の中で待遇が変化する分岐点のような儀式。

牧師のダメ出し

プロテスタント教会では、二つの聖礼典の一つ。「浸す」を意味するギリシャ語に由来し、信仰告白をして教会の一員となることを目に見えるかたちで示すもの。古い自分に死に、新たに神のいのちに生きることを意味する。イエス・キリスト自身が、教会に授けるようにと命じているもの。

聖書

「あなたがたは行って、あらゆる国の人々を弟子としなさい。父、子、聖霊の名において彼らにバプテスマを授け…教えなさい」

（新約聖書・マタイの福音書28章19、20節）

【た行】【な行】

神さま
何不自由なく
生活でき
感謝します
あとマイホーム
があれば
いつも喜んで
いられます
夫が昇進して
ボーナスが倍になれば
全てのことを
感謝できます

【貪欲】

たらんと・たまもの【タラント・賜物】

悪魔の辞典

聖書に登場するお金の単位だが、イエスのたとえ話により転じて、神から人に託された才能や資源の意味。少なく託された者は、少ないからという理由で活用せず、多く託された者は出る杭は打たれぬよう活用しないもの。この現状にオレたちは、助けられている。

牧師のダメ出し

神の国に生きることとは、資本金を託され商売をするようなもので、資本金に相当する能力、技術、知識、財、時間などがタラント。主人を喜ばせようとの動機と忠実な姿勢が大切。所有することではなく、活用し実を結ぶことに意味があり、他者との比較は百害あって一利なし。

聖書

「天の御国は、旅に出るにあたり、自分のしもべたちを呼んで財産を預ける人のようです」

（新約聖書・マタイの福音書25章14節）

ち【血】

悪魔の辞典

聖書において、最も頻繁に流されている液体。贖いのための動物、主の戦い、聖絶、時に同胞への裁きと、どんだけ流すの？ 旧約聖書なんか流血だらけ。教育上よくないよ。もう、読むのやめようか。イエスの流血を、覚え、感謝するのも、どうかと思うよ。

牧師のダメ出し

聖書の思想では、血は命を意味する。動物犠牲においての血は、罪に対する罰が動物のいのちを代理として果たされることを示す。残酷なのは、流血よりもむしろ、それを必要とする罪と言える。とりわけ御子イエスの血は罪の赦しと贖い、また、契約を示す。

聖書

「律法によれば、ほとんどすべてのものは血によってきよめられます。血を流すことがなければ、罪の赦しはありません」

（新約聖書・ヘブル人への手紙9章22節）

つまずき【つまずき】

悪魔の辞典

クリスチャンたちが、人間関係の問題を信仰の問題にすり替えて、他者を非難する場合に「つまずいた」と言う。自分を被害者に、相手を加害者に位置づけ、自己正当化するために用いることば。本来の意味と用法を離れて、自己利益目的に使用される聖書のことばの代表。

牧師のダメ出し

悪魔の指摘するような用法を考え、聖書に立ち返り、検討すべきことば。「つまずく」とは「神への信仰から遠ざけられる」との意味。イエスは弟子たちに、子どもをつまずかせぬよう戒めている。自戒のために用いるべきで、他者批判と自己正当化に用いるべきでないことば。

聖書

「わたしを信じるこの小さい者たちの一人をつまずかせる者は、むしろ、大きな石臼を首に結び付けられて、海に投げ込まれてしまうほうがよいのです」

（新約聖書・マルコの福音書9章42節）

つみ【罪】

悪魔の辞典

神の与えた厳しいルールに違反して、神のご機嫌を損なうこと。行為だけでなく、ことばや思いまで、悔い改めの対象なんだから、本当に疲れるよな。信仰生活が喜びでなくなるのは当然だよな。疲れて苦しいだけだから、オレたちのほうに来なよ。

牧師のダメ出し

本質は、個々の違反行為というよりは、神との関係の破綻。神を離れ、背を向けて歩んでいる状態のこと。旧約聖書・創世記三章は人類におけるその始まりを記している。本来は罰を伴い、死に値するものだが、キリストの身代わりの死によって、贖われているもの。自覚が深い程、赦しの恵みの大きさがわかり、喜びをもたらすもの。

聖書

「律法が入って来たのは、違反が増し加わるためでした。しかし、罪の増し加わるところに、恵みも満ちあふれました」

（新約聖書・ローマ人への手紙5章20節）

でんどう【伝道】

悪魔の辞典

日本のクリスチャンたちが、葛藤する宗教行為。人間関係を壊すリスクを伴うために、差し控えた方が賢明かと思われる行為。自分は救われているのだから、無理して何もそこまでしなくてもよいだろうと思われるオプションのようなもの。

牧師のダメ出し

福音とその中心であるキリストを伝えること。ことばに限らず、日常生活での証し、諸行事など、その方法は多様。自らが救われた喜びと感謝を心に、愛と慎みをもって、福音を伝えたいもの。いのちを捨ててまで、私たちを愛されたイエスさまが最後に命じたことでもある。

聖書

「イエスは彼らに言われた。『全世界に出て行き、すべての造られた者に福音を宣べ伝えなさい。』」

（新約聖書・マルコの福音書16章15節）

となりびと【隣人】

悪魔の辞典

お隣さんのように利害関係にある身近な人たちのこと。「誰が自分の隣人か」を考えて、隣人を限定し、見返りがない相手は愛さないことが賢明。ストレスもないし、コスパもいいぞ。仲間内だけで愛し合って、未信者に疎外感を与えるような教会の交わりは最高だよね。

牧師のダメ出し

旧約時代は、同胞に限定され、敵への憎しみを伴うものへと変質。しかし、イエスは限定を解除し本来の範囲を示した。それは、取税人、遊女らの被差別者、サマリア人などの他民族を含み、敵にさえ及ぶ。さらには「隣人となる」との動的な愛の実践が語られている。

聖書

「この三人の中でだれが、強盗に襲われた人の隣人になったと思いますか」

（新約聖書・ルカの福音書10章36節）

とみ・きんせん【富・金銭】

悪魔の辞典

いざという時は、神より頼りになるもの。神に願い祈るのと違って、希望通りのものが割とすぐに手に入るからな。だから、多くの富をもつことが、安心と幸せの秘訣《ひけつ》。求めるべきは神より富。神より、富に仕える方が、現実的で得策だよな。

牧師のダメ出し

役立つもので、神の業を進め、他者を助け、自分の必要を満たすもの。一方、お金では得られず、神さまがお与えになるものこそ大切。人が仕える二者択一の対象の一つ。これを選べば、神に仕えられなくなるもの。「お金はよいしもべだが、悪い主人でもある」※は、その通り。

聖書

「だれも二人の主人に仕えることはできません。一方を憎んで他方を愛することになるか、一方を重んじて他方を軽んじることになります。あなたがたは神と富とに仕えることはできません」

（新約聖書・マタイの福音書6章24節）

＊イギリスの哲学者・神学者フランシス・ベーコンのことば

どんよく・むさぼり【貪欲・むさぼり】

悪魔の辞典

「あれも欲しい、これも欲しい、もっと欲しい、もっともっと欲しい※」って歌あったよな。欲望のリミッターなしに、欲しがること。オレたちにとっては、好都合。神を悲しませ、誰かを傷つけ、教会を混乱させても、実現させちゃいなよ。オレたち、応援してるよ。

牧師のダメ出し

いわば「欲望の無限肯定」。満ち足りる心をもたず、既に与えられているものを感謝することもなく、さらなる所有、獲得を切望すること。聖書によれば、それは、偶像礼拝の一形態。自らの欲望を神とすることでもある。

聖書

「ですから、地にあるからだの部分、すなわち、淫らな行い、汚れ、情欲、悪い欲、そして貪欲を殺してしまいなさい。貪欲は偶像礼拝です」

（新約聖書・コロサイ人への手紙3章5節）

＊THE BLUE HEARTS「夢」の一節

なぐさめ【慰め】

悪魔の辞典

信仰を利用した心理的鎮痛剤。苦しい現実から神へ目を逸らすことで、一時的に楽になること。鎮痛効果は有効期限があり、何度も慰めを必要とすることに。つまり、みことばの慰めとか教会の交わりでの慰めは、根本的な解決にはならないってことだよ。残念！

牧師のダメ出し

悲しみや失望などに対して、神や教会の交わりを通じて与えられる恵み。具体的には、聖書のことばによって、共に悲しんでくれる交わりなどによって与えられる。繰り返し必要となることもあるが、次第に心癒やされ、立ち上がり、信仰的に歩む方向へと向かう。

聖書

「神は、どのような苦しみのときにも、私たちを慰めてくださいます。それで私たちも、自分たちが神から受ける慰めによって、あらゆる苦しみの中にある人たちを慰めることができます」

（新約聖書・コリント人への手紙第二、1章4節）

にく・にくてき・にくせい【肉、肉的、肉性】

悪魔の辞典

人間本来の性質のこと。神さまにそう造られたのだから、別に悪くないよな。それにあるがままで愛されているのだから、肉のままで愛され続けようね。「半肉半霊」なんてのも、バランス取れていいよな。肉的クリスチャンは、オレたち寄りだからさあ、期待しているよ。

牧師のダメ出し

パウロ書簡では、聖霊によって変えられていない生まれながらの性質のこと。肉は「霊」と対比をされる。その思いが神に反し、その願いが御霊に逆らうことが、聖書に明記されているもの。みことばに従い、聖霊の助けを受けて、克服されるべきもの。

聖書

「なぜなら、肉の思いは神に敵対するからです。それは神の律法に従いません。いや、従うことができないのです」

（新約聖書・ローマ人への手紙8章7節）

にんたい【忍耐】

悪魔の辞典

嫌なこと苦しい状況などが、過ぎ去るのをじっと待ち続けること。神を信じてしまったがために、しなくてもよいのにしてしまう我慢のこと。ストレス高いし、体に悪いし、報いがあるとも限らないし、無理しないほうがいいよ。諦めて、楽になろうよ。

牧師のダメ出し

我慢とは似て非なるもの。苦痛が過ぎ去るのを待つだけの消極的行為ではなく、みことばの約束の成就を信じ、待ち望む積極的行為。それは、信仰の訓練となり、忍耐する者を成熟に導き、失望に終わることのない希望を与える。

聖書

「あなたがたが神のみこころを行って、約束のものを手に入れるために必要なのは、忍耐です」

（新約聖書・ヘブル人への手紙10章36節）

ねたみ【妬み】

悪魔の辞典

自分がもたぬものを誰かがもっている場合、自分より誰かが優れている場合、自分にはできないことを誰かができる場合に起こる人間としての自然の感情。自分を引き上げようとはせず、相手を引きずり降ろそうとする思い。オレたちそっくりでうれしいな。

牧師のダメ出し

他者の幸福や優越性を喜んだり、賞賛したり、あこがれたりするのではなく、相手の破滅を願う心。人間がもつ最も悪魔的で醜い感情の一つ。アベルはカインの妬みによって[※1]、イエスさまは権力者らの妬みによって[※2]、いのちを奪われた。妬みを克服するのは愛に他ならない。

聖書

「もしあなたがたの心の中に、苦々しいねたみや利己的な思いがあるなら、自慢したり、真理に逆らって偽ったりするのはやめなさい」

（新約聖書・ヤコブの手紙3章14節）

※1アベルとカイン…創世記4章に描かれている兄弟殺人　※2イエスと権力者…新約聖書の福音書などに描かれている。イエスが権力者らの扇動により十字架にかけられ、死なれた。

【は行】

え？献身したいって？
やめておきなよぉ
もっといい仕事あるって〜
求人 牧師
・信徒の相談に24時間対応
・信徒の喜ぶ説教を週１回以上準備
〈収入〉不安定
信者の中での不人気NO.1求人!!

【牧師】

はか【墓】

悪魔の辞典

君たちの誰もが、最終的に行き着く人生の終着点。地上で獲得したすべてを置いて、愛する人たちとも引き裂かれ、行くべき所。石材等に名前を刻んで、死後も忘れられないようにしようとする執着心が具現化されたもの。

牧師のダメ出し

クリスチャンにとって人生の通過地点であって終着点ではないもの。なぜなら、既に地上から、墓の先まで続く永遠のいのちを生きているから。クリスチャンにとって墓は、残された者への信仰の証し。永遠のいのちの希望を当人に代わって、伝えるもの。

聖書

「イエスは彼女に言われた。『わたしはよみがえりです。いのちです。わたしを信じる者は死んでも生きるのです。』」

（新約聖書・ヨハネの福音書11章25節）

ぱん【パン】

悪魔の辞典

小麦粉を焼いてつくられる食物。転じて、食物の代表。生命を維持するために必須のもの。人が苦しんで働き、時に争ってまで、得ようとするもの。最も必要不可欠で、空腹を抱える人々もいるのに、石をパンに変えなかったイエスが※、いかに冷たい奴かわかるだろ？

牧師のダメ出し

肉体的生命に必要不可欠な食物の代表。いのちを与えることから、霊的いのちを与えるものに例えられたり、対比されたりするもの。イエスは、自らをいのちのパンであると表現している。「人はパンだけで生きるのでなく」など神のことばがパンと対比されている。

聖書

「イエスは言われた。『わたしがいのちのパンです。わたしのもとに来る者は決して飢えることがなく、わたしを信じる者はどんなときにも、決して渇くことがありません。』」

（新約聖書・ヨハネの福音書6章35節）

※新約聖書・マタイの福音書四章などに書かれている、イエスが受けた悪魔の試み。神ではなく、物質的なもの、肉的なものに頼るようにとの悪魔の誘いをイエスは毅然と退けた。

ひんこん・まずしさ【貧困、貧しさ】

悪魔の辞典

「貧しい者は幸い」とイエスが言ったように、幸いをもたらすよいもの。人は裕福になると神を離れるからな。だから、無理して貧困から抜け出す必要はないし、貧困に苦しむ人たちについては福音を伝えるだけでよくて、具体的な支援など必要はないからね。

牧師のダメ出し

聖書が原則的にみこころに反することとして記しているもの。神は貧しい者を顧み、貧困の解消を願っておられる。愛によって豊かさを分かち合うことが神のみこころ。貧しい者が踏みつけられ、富める者が富を独占する社会構造を、神は悪として指摘している。

聖書

「やもめ、みなしご、寄留者、貧しい者を虐げるな。互いに対して、心の中で悪を企むな」

（旧約聖書・ゼカリヤ書7章10節）

ふくいん【福音】

悪魔の辞典

元来は「良い知らせ」という意味。イエスを信じるだけで、罪が赦され、永遠のいのちが与えられるって。そんなうまい話あるわけないだろう。良い知らせというより、都合よすぎる話だと思うぞ。もしかして、騙《だま》されてない？　今からでも遅くないから、考え直さないか？

牧師のダメ出し

元来は「良い知らせ」を意味することば。その主要な内容は、十字架の死と復活を中心とするキリストの生涯とその教え。その内容は滅びる者には愚かに思われても、すべての人に救いを得させる神の力。その力に信頼し、宣べ伝えたいもの。

聖書

「私は福音を恥としません。福音は、ユダヤ人をはじめギリシア人にも、信じるすべての人に救いをもたらす神の力です」

（新約聖書・ローマ人への手紙1章16節）

ふくしゅう【復讐】

悪魔の辞典

やられたらやり返すこと。当然の権利を行使すること。相手を同じ目に合わせても、気が済まないなら、倍返しがお勧め。報復の連鎖と拡大が起これば、願ったり叶ったり。クリスチャンだからって、当然の権利を放棄するなって。もったいないだろうよ。

牧師のダメ出し

自分でせずに、正しく報いる神の怒りに任せるべき事柄。自らが復讐することは悪に負けることであり、善をもって悪に報いることが勝利となる。神の報いに任せることの具体的一例は、神が立てた権威である司法や警察に裁きを委ねることでもある。

聖書

「愛する者たち、自分で復讐してはいけません。神の怒りにゆだねなさい」

（新約聖書・ローマ人への手紙12章19節）

ふっかつ【復活】

悪魔の辞典

キリストを信じる者たちが、不死のからだをもって、よみがえることらしいが、キリストが復活したからって、信じる者も同じになるっていうのは、論理の飛躍だよな。死んでから永遠を生きるって、幽霊みたいなことか？　体とかあるのかよ？　あったら、また死ぬぞ。

牧師のダメ出し

死者の中から復活したイエスさまは初穂であり、その来臨の時には、キリストに属しよみがえりのいのちをもつ者が死から復活する。死者であれ、存命中であれ、死ぬべきからだから、永遠を生きるからだへと変えられる。復活は最終的な希望であり、福音の中心と言える。

聖書

「死が一人の人を通して来たのですから、死者の復活も一人の人を通して来るのです」

（新約聖書・コリント人への手紙第一、15章21節）

へいわ【平和】

悪魔の辞典

戦争や争いのないこと。無事平穏。事を荒立てず、無難に済ませておくこと。罪を戒めず、問題を放置して、関係を悪化させないこと。平和は義と対立するものであり、どちらか一方を選択せざるを得ないジレンマを与える。君たちの葛藤と苦悩は、オレたちの喜び。

牧師のダメ出し

聖書が記す平和は義を伴う。平穏無事のような消極的なものではなく、正義の実現など積極的意味を含む。つまり義の上に成り立つもの。福音によって、敵意を滅ぼし、和解することによって実現される。さらには、終末における最終的な完成を指し示す。

聖書

「恵みとまことは　ともに会い／義と平和は口づけします」

（旧約聖書・詩篇85篇10節）

ほうし【奉仕】

悪魔の辞典

教会運営のため、また、教会活動のために、信徒たちが従事する無給労働。神の業や愛を口実とした宗教的搾取の一形態。教会生活において、頼まれると断りづらいことの一つ。なければ、教会生活が平安で快適となるであろうことの一つ。

牧師のダメ出し

神の愛と恵みへの応答として、主体的にささげる労。それを通じて、自らの賜物を活かし、神に仕え、共に御業を進める喜びを体験し、自らも信仰的成長ができる恵みの一つ。一方、愛という動機、主体性、喜びなどがなく、活動自体が目的になっているなら、要注意。

聖書

「私の愛する兄弟たち。堅く立って、動かされることなく、いつも主のわざに励みなさい。あなたがたは、自分たちの労苦が主にあって無駄でないことを知っているのですから」

（新約聖書・コリント人への手紙第一、15章58節）

ぼうりょく【暴力】

悪魔の辞典

最も簡単に相手に危害を加えられる手段。身体的だけでなく、ことばによる心理的なものもある。また、相手を支配し、意のままにするには、即効性があり、極めて有効な手段。キリスト教会さえも歴史上、宗教戦争や魔女狩り等で、正当なものとして、用いてきた手段。

牧師のダメ出し

カインによるアベルの殺人に始まる破壊行為。人間のさまざまな罪行為に際して用いられ、原則的には愛と義に反するもの。ただし、正義の実現、悪の解決などを目的とした行使については、賛否が分かれる。救いが完成された後は、消滅するもの。

聖書

「主は国々の間をさばき、多くの民族に判決を下す。彼らはその剣を鋤《すき》に、その槍《やり》を鎌に打ち直す。国は国に向かって剣を上げず、もう戦うことを学ばない」

（旧約聖書・イザヤ書2章4節）

ぼくし【牧師】

悪魔の辞典

週に一度、登場し、説教をしてお別れする人。それ以外のお仕事は不明な人。高ストレスで低収入が多く、信徒の多くが、なりたくないと思う職業。多様かつ過剰な要求にストレスを覚え、問題処理に忙殺され、疲弊状態にある職業人。自立不足の信徒にとっての依存対象。

牧師のダメ出し

「羊飼い」の意味をもつことば。神からの召しに応答して、就く職務。託された神の羊たちを牧し、養うことがその勤め。管理支配するのでなく、愛し仕える姿勢が求められる。本来の中心的な務めは、みことばを宣べ伝える説教と聖礼典（聖餐式と洗礼式）を行うこと。

聖書

「こうして、キリストご自身が、ある人たちを使徒、ある人たちを預言者、ある人たちを伝道者、ある人たちを牧師また教師としてお立てになりました」

（新約聖書・エペソ人への手紙4章11節）

ほんね【本音】

悪魔の辞典

神への不信感や教会への不満、人への怒りなど、教会の中で抑圧されている正直な思い。ため込むと体に悪いので、吐き出す必要があるもの。愛も思慮分別もなく吐き出せば、人を傷つけ、つまずかせ、教会に混乱や分裂を生み出しかねないありがたい爆弾のようなもの。

牧師のダメ出し

内容がマイナス感情や不信仰な思いであっても、抑圧せず、まずは、正直に神に伝えるべきもの。ダビデの詩篇はその典型例。不平不満でさえ神に向ければ、真実な祈り。人に伝える場合には愛と思慮分別をもって、感情発散ではなく、課題解決を目的として語るべきもの。

聖書

「ですから、あなたがたは偽りを捨て、それぞれ隣人に対して真実を語りなさい。私たちは互いに、からだの一部分なのです」

（新約聖書・エペソ人への手紙4章25節）

【ま行】

【恵まれる・恵まれない】

まじわり【交わり】

悪魔の辞典

教会における人間関係。時に煩わしくストレスを与えるもの。誰かのことばに傷つけられ、信仰のつまずきにつながる場合も。そうしたマイナスを避けるためにも、交わりは表面的なものにとどめておくのがお勧め。自分の心を守ることをいちばんに考えような。

牧師のダメ出し

キリストを中心とした愛に根差すクリスチャン相互の人格的関係。スポーツに例えれば信仰生活は団体競技。一人で歩み通すことは困難だからこそ励まし合い、祈り合い、支え合う関係は必須。また、独りよがりにならず健全な信仰を保ち、成熟に向かうために、信仰の交わりは決定的な役割を果たす。

聖書

「ですからあなたがたは、現に行っているとおり、互いに励まし合い、互いを高め合いなさい」
（新約聖書・テサロニケ人への手紙第一、5章11節）

みこころ【みこころ】

悪魔の辞典

クリスチャンたちが、よくわからず困っていること。自己判断や選択の自由など、主体的な歩みを妨げるもの。自己決断で実行し失敗することを怖れ、保険のように用いることば。また、自分の思いや願いを、権威づけ、正当化して、他者に認めさせる際に利用される。

牧師のダメ出し

普遍的なものは、既に指針として、聖書が記しているもの。個別的具体的なものはその指針に従って、考え判断すべきもの。聖書はみこころのガイドラインであって、マニュアルではない。また、自分を神に変えていただくことで、わかるようになるもの。

聖書

「この世と調子を合わせてはいけません。…心を新たにすることで、自分を変えていただきなさい。そうすれば、神のみこころは何か、すなわち、何が良いことで、神に喜ばれ、完全であるのかを見分けるようになります」

（新約聖書・ローマ人への手紙12章2節）

みちびき【導き】

悪魔の辞典

決断力がなく、決めたことに自信がもてない人間が、神に責任を取らせるために作りだした観念。うまくいけば神に感謝、失敗すれば、自分の不信仰が原因となる。自分の人生なんだから、神には相談せず、自分で決めような。それが自分らしい歩みだよな。

牧師のダメ出し

神と共に歩もうとする者が、いただく恵み。人生は導き手で決まる。神は、よい羊飼いのように弱く愚かな人間を愛し、その幸いを願い導く。多くの場合、夜の足もとの灯のように、次の一歩を照らす。一歩踏み出せば次の一歩が示されるもの。

聖書

「あなたのみことばは　私の足のともしび／私の道の光です」（旧約聖書・詩篇119篇105節）

みちたりる【満ち足りる】

悪魔の辞典

「満ち足りる」は心の満腹状態。満ち足りたら、おしまいよ。満足したら、成長も、発展もないよね。だから、人生、ガツガツ行こうね。特にお金や財産、人の評価や社会的地位は、あればあるほど、人生豊かだからね。君のそのハングリー精神、応援するよ。

牧師のダメ出し

本当の意味での利益をもたらす方法。本当の利益は、より多く所有することではなく、まず、与えられたものに感謝し、満ち足りる心をもつこと。それは、多く所有するほど、さらに欲しくなる貪欲を予防する。

聖書

「満ち足りる心を伴う敬虔《けいけん》こそが、大きな利益を得る道です」

（新約聖書・テモテへの手紙第一、6章6節）

みつかい・てんし【御使い・天使】

悪魔の辞典

オレたちのライバルチーム。神のコバンザメ。神にへつらい、おべっかのように褒めたたえ、神のパシリとして、君たち人類に、伝言役を果たしている奴ら。どんだけ邪魔すれば気が済むのかと言いたい奴ら。

牧師のダメ出し

聖書では「御使い」と表記。神によって創造され、神に仕える存在。神の近くで賛美し、また、神と人間との仲介者として、神のメッセージを人に伝えるのが使命。ガブリエル、ミカエルなど聖書にも名前が登場している。

聖書

「御使いはみな、奉仕する霊であって、救いを受け継ぐことになる人々に仕えるために遣わされているのではありませんか」

（新約聖書・ヘブル人への手紙1章14節）

みな・しゅのな【御名・主の名】

悪魔の辞典

崇めたり、賛美したり、呼び求めたり、それによって祈ったりしながらも、現代人には、しっくりこないもの。だって、名前って、その人物を指し示す記号や付随するラベルだもんな。ことばだけで、実体も力もないよな。でも、オレたちに向かっては、絶対に使うなよ！

牧師のダメ出し

聖書において、名前は、対象人物を示す記号に留まらず、その持ち主の人格、実体を意味する。実質的には神自身と同義。それゆえに、御名は、神の権威や力を伴い、とりわけ、人を救う力を有する。悪魔たちがクリスチャンたちの御名の行使を怖れるのは当然のこと。

聖書

「主の名を呼び求める者はみな救われる」

（旧約聖書・ヨエル書2章32節）

めぐまれる・めぐまれない【恵まれる・恵まれない】

悪魔の辞典

礼拝や諸集会において、参加者がその集いを評価する際の基準。そう、大切なのは、自分が恵まれたかどうかだよな。集会の趣旨や目的、それから神の評価なんかは、二の次だよ。自分を喜ばせるための信仰、神さま、教会、兄弟姉妹。地上生涯は、これで決まりだね。

牧師のダメ出し

本来の意味を失い、キリスト教会において他者評価の基準となっていることば。礼拝、説教、賛美などが「恵まれた」「恵まれなかった」との主観的感覚で評価される。時に、感情的高揚、心情的慰め、自己利益などが「恵まれた」の実質となる。現代的な自己愛傾向が信仰に与えたゆがみと言えそう。特に礼拝は、自分が恵まれるためのものでなく、神にささげるもの。

聖書

「私たちは一人ひとり、霊的な成長のため、益となることを図って隣人を喜ばせるべきです」

（新約聖書・ローマ人への手紙15章2節）

めし・しょうめい【召し、召命】

悪魔の辞典

神の声が聞こえたわけでもないのに、自分が特定の使命を担うように、神に呼ばれたと考える主観的な思い込み。教会の教職者になる、一生涯の職業に就くなど、人生の重大事を決断するには、あまりにも頼りない判断基準。独りよがりの召しは周囲にとって多大な迷惑。

牧師のダメ出し

特定の使命に仕えるようにとの神からの呼びかけ。当人には、みことばや交わり等を通じて、使命感の自覚が与えられる。さらに第三者による客観的な召しの判断によって、より確実にされる。教職者に限らず一般の職業も召しによると考えるのが、聖書的職業観。

聖書

「彼らが主を礼拝し、断食していると、聖霊が『さあ、わたしのためにバルナバとサウロを聖別して、わたしが召した働きに就かせなさい』と言われた」

（新約聖書・使徒の働き13章2節）

【や行】【ら行】【わ行】

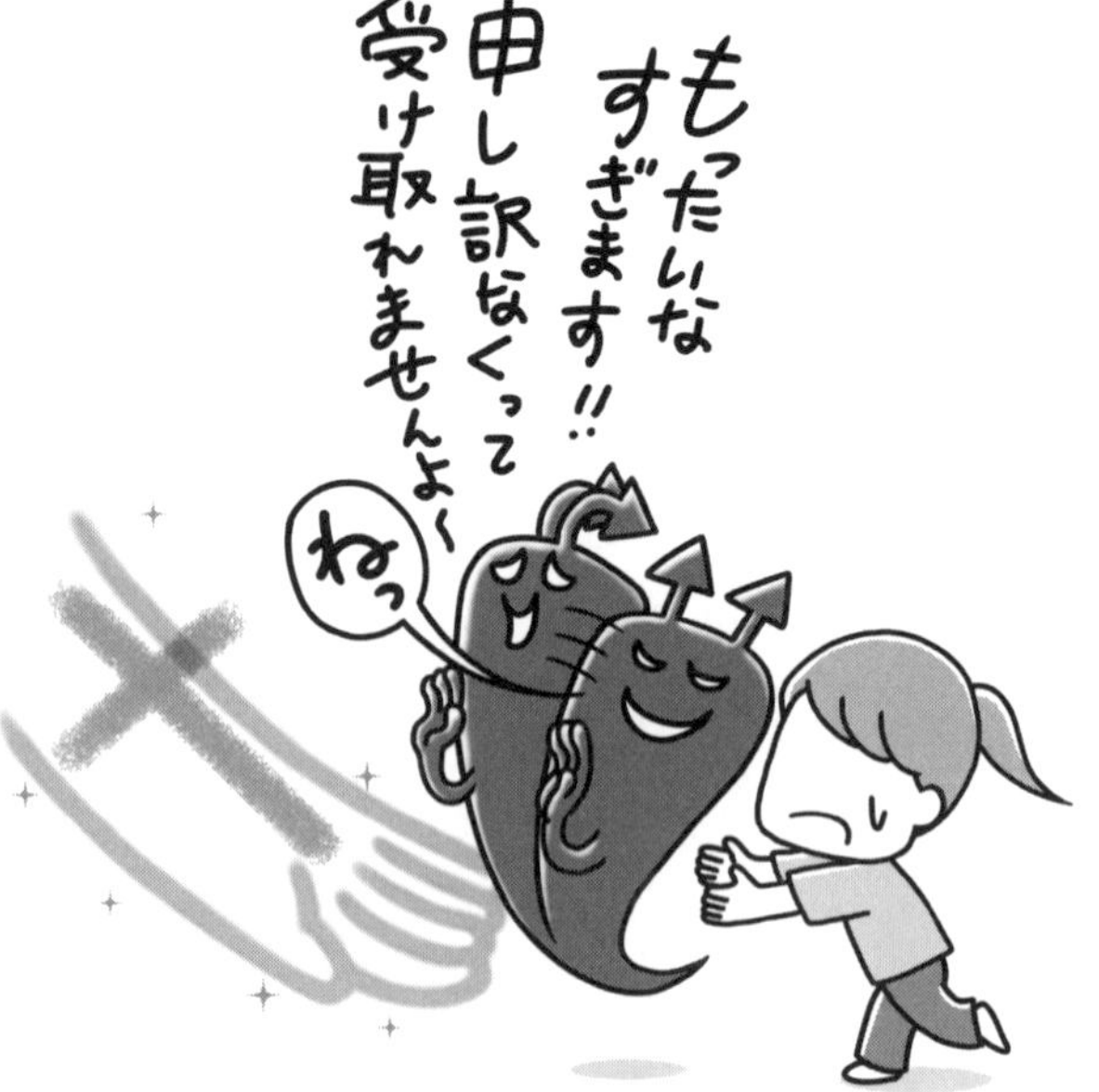
もったいなすぎます!!
申し訳なくって
受け取れませんよ〜
ねっ

【和解】

ゆうわく【誘惑】

悪魔の辞典

神に背を向けること、罪を犯すことを通じて、その向こうに待っている快楽や利益へと導こうとするオレたちの親切行為。実は、オレたちは、クリスチャンの幸せを願って、サポートしているんだよ。これを無視したり、拒否したりするなんて、もったいないよなー。

牧師のダメ出し

一時的な快楽や利益、あるいは、この世限定での名声や成功と引き換えに、クリスチャンたちを、神さまへの信頼から引き離し、できれば、自分たちと永遠をともに過ごすようにと願って、悪魔と悪霊が仕掛けてくる罠《わな》。最も有効な対策は、誘惑の要因を避けること、その場から立ち去ること、それができなければ、守りを祈り求めること。

聖書

「人が誘惑にあうのは、それぞれ自分の欲に引かれ、誘われるからです」

（新約聖書・ヤコブの手紙1章14節）

ゆるし【赦し（神からの）】

悪魔の辞典

罪の自覚や罪悪感が起こった際に、神の罰を怖れて、その免除をお願いして、認めてもらえること。赦されても、忘れてくれるとは限らないぞ、根にもっているかもしれないぞ。赦しの確信を得られず、神の愛を疑い、罰を怖れ続けてくれたら、オレたちはうれしいな。

牧師のダメ出し

罪によって絶たれた神との関係が回復されること。罪の告白や悔い改めなど人間側の努力は大切だが、赦しを与えるのは神ご自身であり、キリストの十字架のゆえに与えられる。神の赦しは完全であり、罪、過ちの出来事は、永遠に忘れ去られ、確実に関係が回復される。

聖書

「わたし、このわたしは、わたし自身のためにあなたの背きの罪をぬぐい去り、もうあなたの罪を思い出さない」

（旧約聖書・イザヤ書43章25節）

よ【世】

悪魔の辞典

クリスチャンが未信者を見下げて、優越感に浸るためのことば。教会外の人間が愛を実践し真実に生きていても、認めようとしない愚かさの根拠となっている。実際は神から解き放たれたすばらしい世界。世的に生きようぜ！

牧師のダメ出し

聖書中、多様な意味をもつが、神を除外した価値観で歩む世界を意味することが多い。神さまが御子をくださるほど、愛された対象。そこに生きる隣人は愛し仕える対象、一方でその価値観に歩まないとの意味では、愛着をもち、調子を合わせてはならない対象。

聖書

「この世と調子を合わせてはいけません。むしろ、心を新たにすることで、自分を変えていただきなさい。そうすれば、神のみこころは何か、…何が良いことで、神に喜ばれ、完全であるのかを見分けるようになります」

（新約聖書・ローマ人への手紙12章2節）

よげんしゃ【預言者】

悪魔の辞典

全知全能の神の力をもって、未来を予知して、言い当てる人物。まあ、ノストラダムスみたいな人たち。本当に、その通りになっているかどうか、聖書でチェックしてみよう。聖書の預言書だけじゃないよ。サムエルにナタン、エリヤにエリシャも預言者だからね。

牧師のダメ出し

神からの召しを受け、ことばを預かり、語る者。未来だけでなく、現在や過去についても、歴史と結びついた神の意志を代弁。祝福の約束や希望の宣言、罪や社会悪の指摘、さばきの宣言も。語られたことの実現以上に、民に向けて語りかける神の思いとことばの内容が大切。

聖書

「私が、『主のことばは宣べ伝えない。もう御名によっては語らない』と思っても、主のことばは私の心のうちで、骨の中に閉じ込められて、燃えさかる火のようになり、私は内にしまっておくのに耐えられません」

（旧約聖書・エレミヤ書20章9節）

よろこび【喜び】

悪魔の辞典

自分にとって快感をもたらす出来事や願ったような状況に遭遇した際に、起こる心理的反応であり、喜怒哀楽と言われるように人間の基本的感情の一つ。外側の刺激に反応して発生する感情なのだから「いつも喜びなさい」と言われても、それは無理だよな。

牧師のダメ出し

聖霊の実の一つ。感情ではないので、外側の状況に依存しない。「いつも、主にあって」とあるように、キリストとの関係にあって常に喜ぶことは可能となる。苦しみと悲しみによって奪われないもの。また、「喜びなさい」とあるように、自然発生する感情ではなく、意志をもって主体的に選び取るもの。

聖書

「いつも主にあって喜びなさい。もう一度言います。喜びなさい」

（新約聖書・ピリピ人への手紙4章4節）

よわさ【弱さ】

悪魔の辞典

恥じるべきもの、自分で認めたくないもの、受け入れられないもの、人に知られてはならないもの、可能ならなくしたいもの。自分のことだから、神や人に頼らず、自分の責任で克服すべきもの。神にも教会にも不利益をもたらすもの。

牧師のダメ出し

必ずしも恥じるべきでないもの、自分で認め受け入れるべきもの、その上で、人に知らせて助けてもらうべきもの。なくすことが克服とは限らず、持ったままで克服できるもの。場合によっては神の恵みの管となり、誇ることさえできるもの。結果的に神と教会に益をもたらすこともあるもの。

聖書

「『わたしの恵みはあなたに十分である。わたしの力は弱さのうちに完全に現れるからである』と言われました」

（新約聖書・コリント人への手紙第二、12章9節）

りょうしん【良心】

悪魔の辞典

神が人間に与えたやっかいなもの。善を願い、それに反すれば、罪悪感を与え、人間を神の操り人形にする装置。これを麻痺《まひ》させるか腐らせることがお勧め。最初は尖った三角形、やがて角がとれたおにぎり型、ついにはまん丸、コロコロ転がり落ちてくれたら最高だぜ。

牧師のダメ出し

信仰の有無に関係なく、神が全人類に与えた普遍的恵み。未信者の場合には、心に刻まれた律法に例えられるもの。クリスチャンにとっては、悪に対しての警告装置。また、善悪の判断を助けるアドバイザー。大切なことは麻痺させないこと、腐らせないこと。

聖書

「彼らは、律法の命じる行いが自分の心に記されていることを示しています。彼らの良心も証ししていて、彼らの心の思いは互いに責め合ったり、また弁明し合ったりさえするのです」

（新約聖書・ローマ人への手紙2章15節）

りんざい【臨在】

悪魔の辞典

神が信仰者と常に共にいるという迷惑で都合の悪い事実。監視カメラのように常に神に監視され、いちいち評価されているんだから、好きなことはできないし、気も抜けないよな。クリスチャンって、本当に堅苦しくて、不自由で、かわいそうだよなー。

牧師のダメ出し

神さまがいつも共にいてくださるという恵みであり、事実。神さまは常に愛の眼差しをもって私たちを見ておられる。神さまを悲しませる状態にあっても、見捨てることはない。臨在の事実は、決して一人ではない事実と無条件の愛を示し、信じる者に最高の希望を与える。

聖書

「あなたの一生の間、だれ一人としてあなたの前に立ちはだかる者はいない。わたしはモーセとともにいたように、あなたとともにいる。わたしはあなたを見放さず、あなたを見捨てない」

（旧約聖書・ヨシュア記1章5節）

れいはい【礼拝】

悪魔の辞典

クリスチャンになったばっかりに、週に一度は果たさなくてはいけない宗教的義務。時間、交通費、礼拝献金、家族仕事関係などの犠牲が伴う行為。御国では、永遠に礼拝をささげるみたいだぞ。それって、めちゃめちゃ退屈だよなー。御国に行くのはやめたら？

牧師のダメ出し

神とその民との人格的な愛の交わり。神さまが愛の故に、最も願っていること。礼拝者は、召された者として集い、感謝、祈り、賛美をささげ、受けた恵みを携え、証し人として世に遣わされる。御国での礼拝のリハーサルでもあるので、永遠を覚えつつ、真摯な思いでささげたいもの。

聖書

「神は霊ですから、神を礼拝する人は、御霊と真理によって礼拝しなければなりません」

（新約聖書・ヨハネの福音書4章24節）

わかい【和解（神との）】

悪魔の辞典

神との仲直りってことだよな。勝手に離れて、敵対しているのは、人間のほうなんだから、何も神のほうから和解の申し出をする必要なんかないのに。申し訳ないとか、もったいないとか言って、神が差し出す和解の手には、手を差し出さないのが道理ってもんだよな。

牧師のダメ出し

神を離れ、敵対者となった人類と神との関係が本来のものに回復されること。和解の成立は神の側から始まり、キリストを仲介者とし、その贖いの死による。和解の対象は、人類に限らず全被造物であり、キリスト教会はこの和解の務めを神から託されている。

聖書

「これらのことはすべて、神から出ています。神は、キリストによって私たちをご自分と和解させ、また、和解の務めを私たちに与えてくださいました」

（新約聖書・コリント人への手紙第二、5章18節）

おわりに

いかがでしたでしょうか。逆視点ならではの気づきや発見があったでしょうか。

文明化された社会においては、悪魔・悪霊は、心理戦を仕掛けてくるようです。クリスチャンに対しては、神さまのみこころに反する思いを抱かせ、聖書とは異なる福音理解へと導き、喜びと力のない信仰の歩みに留めようとしてきます。気づかぬうちに、その策略に嵌《は》まっていることも。本書での悪魔による定義や解説の狙いは、そこにあるわけです。

よく言われるように、偽物を見抜く秘訣は、本物に触れ続けること。牧師のダメ出しと聖書のことばは、その助けになったでしょうか。それらを、攻撃や誘惑を受けた際のカウンターパンチとして用いていただければうれしく思います。

本書が、皆さまにとって、悪魔・悪霊に妨げられることなく、実り豊かな信仰生活を送る一助になることを願いつつ。

水谷 潔

【プロフィール】

水谷 潔（みずたに・きよし）

日本福音キリスト教会連合・春日井聖書教会協力牧師。

1961年生まれ。高校教師を経て伝道者の道へ。母教会での10年の働きの後、「小さないのちを守る会」の主事、代表を歴任。金城学院大学、名古屋大学医学部非常勤講師の経験があり、ラジオ福音放送「世の光」のメッセンジャー、ブラックゴスペルクワイヤーのチャプレンなども務める。

著書に『チョット聞けない男女のお・は・な・し Z』、『ヤンキー牧師の“必笑”恋愛塾』『小さなツッコミ大きなお世話』『それって大丈夫？～いまどきクリスチャンへの24の問いかけ』『痛おもしろ結婚塾』『聖なる婚活へようこそ』『悪魔の格言』『イエスの名言～それってありなの？』（いずれもいのちのことば社）がある。

家族は妻と娘が一人。

悪魔の辞典　逆視点からの信仰の学び

2024年12月1日発行

著　者　水谷　潔
印刷製本　日本ハイコム株式会社
発　行　いのちのことば社
〒164-0001 東京都中野区中野2-1-5
電話 03-5341-6924（編集）
03-5341-6920（営業）
FAX 03-5341-6921
e-mail:support@wlpm.or.jp
http://www.wlpm.or.jp/

ISBN 978-4-264-04526-7